# le téléphérique de la peur

**Castor Poche**
**Collection animée par**
**Martine Lang et François Faucher**

Titre original :
TIGHTROPE TO TERROR

*A Rebecca, Eloïse,*
*Mark et Stuart.*

**Une production de l'Atelier du Père Castor**

ROBERT KELLETT

# le téléphérique de la peur

traduit de l'anglais par
MARTINE DELATTRE

illustrations de
YVES BEAUJARD

Castor Poche Flammarion

**Robert Kellett,** l'auteur, est né le jour de Noël 1927 dans la maison de son grand-père. Il vit en Angleterre avec sa femme. Ils ont cinq enfants déjà adultes (trois filles et deux garçons).

« Depuis toujours, je travaille pour le cinéma et la télévision, dit-il. J'écris des scénarios et je suis également producteur et directeur de films. Cela semble facile d'écrire lorsque l'on sait ce que l'on veut dire. Le tout est d'ordonner le fouillis d'idées qui submergent votre imagination pour dégager la trame du roman et cerner le caractère de chaque personnage.

« J'étais en vacances dans les Alpes avec ma famille quand j'ai découvert dans un petit guide de Chamonix le témoignage d'un accident comparable à celui que je décris dans *Le téléphérique de la peur.* J'ai tout de suite pensé au film que cela pouvait donner. J'en ai écrit le scénario, assuré la direction et c'est ensuite que je me suis lancé dans la rédaction du roman. »

**Martine Delattre,** la traductrice. « Après avoir vécu six ans à New York, puis quatre à Paris, j'habite maintenant à Casablanca, au Maroc. Je n'ai jamais fait que des traductions, alors que je suis sociologue de formation. Mais les deux sont beaucoup plus liés qu'on ne pourrait le croire. Depuis toujours, j'aime traduire : version latine, grecque ou anglaise. J'ai l'impression de contribuer un peu, de cette manière, à la circulation des idées d'un pays à l'autre. »

**Yves Beaujard,** l'illustrateur, a vécu dix ans aux États-Unis où il a gravé timbres-poste, billets de banque et portraits officiels. Revenu en France depuis plusieurs années, il consacre la majeure partie de son temps à la gravure et à l'illustration. Il a illustré de nombreux Castor Poche.

**Le téléphérique de la peur**

Au lieu d'emprunter avec leur père le tunnel du Mont-Blanc en voiture, Lisa, onze ans, a réussi à convaincre sa sœur aînée, Susan, quinze ans, de faire le trajet en téléphérique par les sommets. Pour la descente sur Chamonix, elles se retrouvent dans la dernière cabine en compagnie de Christian et de Mark, deux garçons de leur âge.

Après le passage du premier pylône, une détonation les frappe de plein fouet et c'est le drame : sous le choc, la poulie sort de sa gorge et la cabine tombe lourdement avant de stopper net, suspendue au câble abîmé, à plus de cinquante mètres du sol...

Christian réalise tout de suite le danger et décide les trois autres à quitter la cabine qui oscille sous les rafales de vent de plus en plus violentes. Descendre par une corde, en pleine tempête de neige, n'est pas sans risques. Heureusement, ils ont leur équipement avec eux, mais ils ne sont pas au bout de leur peine...

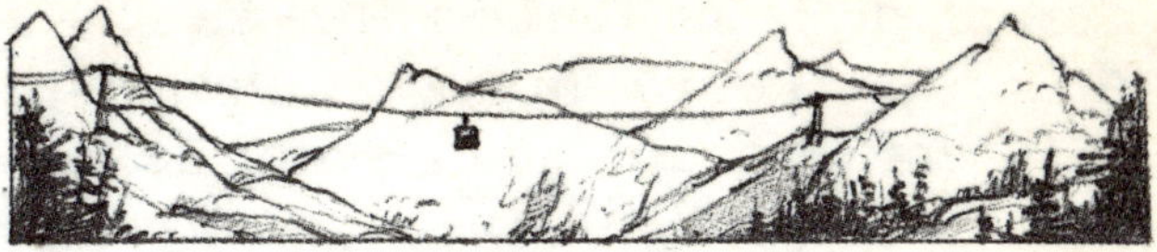

# Chapitre 1

Deux petites tentes étaient plantées l'une à côté de l'autre dans un pré, sur le contrefort d'une chaîne de montagnes. L'une des tentes était bleue, l'autre verte. Elles occupaient l'unique terrain plat aux alentours. C'était tôt le matin. Rien ne bougeait. Le seul bruit qu'on pouvait entendre était le ruissellement lointain d'un torrent.

La tente verte remua légèrement, faisant couler dans l'herbe la rosée qui s'était déposée sur ses parois. Le son métallique d'une fermeture à glissière qu'on manœuvrait retentit dans le silence. Une seconde fermeture fut ouverte et un pan de toile rejeté sur le devant de la tente. Une fille se glissa dehors par l'ouverture et se releva d'un mouvement souple pour éviter de toucher le nylon mouillé.

Lisa avait onze ans et de longues jambes enveloppées dans un pantalon de velours. Elle portait un gros pull et des chaussures de montagne. S'étant coiffée d'un bonnet de laine à pompon, elle ramassa la bouilloire, près des restes du feu de camp, et se dirigea vers le ruisseau.

Un moment plus tard, la tente verte remua à nouveau et une autre fille sortit la tête pour voir comment s'annonçait la matinée. Susan était plus blonde que Lisa, plus ronde et à peine plus grande, bien qu'elle eût quatre ans de plus. Elle sortit de la tente et se dirigea vers le feu de camp. Elle mit de côté les cendres humides, froissa une page de journal, rejeta la feuille de plastique qui protégeait le petit bois de l'humidité et se mit à casser des branchages.

Au bout de quelques craquements

secs, une voix endormie s'éleva de la tente bleue.

— Quelqu'un est réveillé ?

— Bonjour, 'pa.

Susan cassa une autre branche.

— Bonjour, Lisa.

Susan s'assit sur ses talons et dit d'un ton de reproche :

— Papa, c'est Susan.

— Désolé, Susan.

John Hamilton se débattit pour s'extirper de la tente bleue et apporta son pliant près du feu.

— On a fait une sacrée marche, hier, dit-il en s'étirant, prudemment. Tu n'es pas trop raide ?

— Je croyais que j'allais être incapable de bouger. (Susan frotta une allumette et alluma le feu.) Mais pas du tout.

— A la bonne heure. Nous sommes allés loin ?

— Douze kilomètres. Et mille mètres de dénivelé.

— Tant que ça ?

Susan alla chercher dans la tente les ustensiles du petit déjeuner.

— J'aurais bien voulu qu'on continue, dit-elle. Je commence à aimer ça, maintenant.

— Je sais, dit John. On est à peine en forme et habitué à l'altitude qu'il faut déjà songer à rentrer.

Susan déposa les tasses et les bols sur l'herbe courte et trempée. Elle savait parfaitement bien qu'ils ne pouvaient pas rester plus longtemps. Son père devait reprendre son travail et Lisa et elle étaient déjà en retard pour le semestre d'hiver. Mais elle ne pouvait s'empêcher de l'espérer quand même. Elle regrettait autre chose, aussi.

— Comme j'aurais aimé que Moth vienne avec nous, dit-elle avec un soupir.

John, les yeux fixés sur le feu, acquiesça en silence. Moth était le surnom que les filles donnaient à leur mère. Quelquefois, c'était Moth, et quelquefois, Batwoman, ou même Bat tout court, selon l'humeur familiale du moment. Elle avait dû rester pour s'occuper d'une vieille tante mais avait insisté pour que John et les filles s'en aillent. Ce n'était pas la peine que tout le monde rate les vacances. Aussi étaient-ils partis tous les trois camper dans les Alpes italiennes comme prévu et, à présent, ils étaient sur le point de rentrer. Aujourd'hui, ils allaient emprunter le tunnel du Mont-Blanc, aller jusqu'à Genève en voiture et camper près du lac de Vésenaz. Ils avaient bien profité de ces derniers dix jours. Les filles semblaient aimer faire les courses et la cuisine et le dorloter, mais ce n'était tout de même pas pareil que lorsque Moth était là.

John soupira.

— Drôle de chose que la famille, dit-il.

— Quoi ?

Susan leva les yeux.

John s'éclaircit la gorge.

— J'ai dit « drôle de chose que la famille ».

— Non, pas ça. Écoute.

Susan se redressa lentement.

John tendit l'oreille.

— Je n'entends rien.

Susan embrassa du regard les sommets environnants. Un grondement sourd résonnait dans le lointain. Mais où ? Le bruit profond se répercutait de sommet en sommet. John se leva aussi. Les yeux de Susan s'agrandirent tandis que le bruit s'amplifiait.

— Est-ce que c'est une avalanche ?

John examina anxieusement les murs de pierres et les glaciers qui surplombaient leur campement, mais aucun nuage de neige poudreuse ne s'élevait. Le bruit grandit encore.

Lisa n'avait rien entendu, au début. Le ruisseau coulait impétueusement. Elle descendit avec prudence les berges glissantes et polies pour immerger sa bouilloire dans le torrent glacé. Un rugissement sourd lui emplit peu à peu les oreilles. « Un train express traversant un viaduc ? » se demanda-t-elle. Sauf qu'il n'y avait pas de trains dans la vallée. Lisa plongea rapidement la bouilloire dans l'eau. Un bang puissant la fit sursauter. Son pied glissa sur un rocher mouillé, elle trébucha, tendit une main en avant pour se rattraper, fit tomber le couvercle de la bouilloire et le vit tourbillonner, emporté par les remous. Elle enfonça le bras dans l'eau pour s'en emparer, mouilla son pull, rata son but, fit une seconde tentative, fructueuse cette fois. Puis elle remonta péniblement la berge. « Bang ! Bang ! » entendait-elle au-dessus et autour d'elle. « Bang ! Bang ! Bang ! » Le bruit rugissait dans ses oreilles, vibrait à travers les arbres, roulant contre les parois de la montagne. Lisa se mit à courir, tel un lapin effrayé. Le sol inégal fuyait sous ses pieds, le ciel et les mélèzes défilaient au-dessus de sa tête, des buissons épineux s'accrochaient à ses vêtements malgré ses détours, mais elle ne pouvait échapper au rugissement dans ses oreilles et aux vibrations aiguës du « Bang ! Bang ! Bang ! ».

— Aaaah !

Le souffle coupé, elle recula d'un bond, effrayée et furieuse à la fois. Un grand garçon se tenait devant elle.

— Vous m'avez fait peur ! cria-t-elle.

— Non, c'est l'avion. (Il baissa rapidement les yeux sur elle avant de scruter à nouveau le ciel, à la recherche de la source du bruit.)

— Non, c'est vous, insista Lisa. Vous m'avez sauté dessus !

— J'étais en train de chercher l'avion, protesta-t-il. Et vous êtes arrivée droit sur moi.

— Ce n'est pas vrai ! (Lisa était soulagée que le bruit terrifiant provienne seulement d'un avion, mais elle était encore furieuse contre lui.) Vous m'avez sauté dessus, répéta-t-elle. Je ne vous avais pas vu. Vous n'étiez pas là.

Le grand garçon croisa les bras sur sa poitrine et lui sourit.

Lisa lui lança un regard de défi. Il avait des cheveux bouclés châtain clair et des yeux rieurs. Il avait aussi une drôle de prononciation... Peut-être était-il allemand ?

Comme s'il lisait dans ses pensées, il demanda :

— Vous êtes américaine ?

Lisa avança le menton d'un air méprisant.

— Non ! anglaise.

Le garçon hocha la tête et pinça les lèvres.

— Ah ! anglaise !

Lisa voyait bien qu'il se moquait d'elle, mais avant qu'elle puisse penser à une remarque appropriée, une voix les fit se retourner.

— Quel bruit infernal !

Un deuxième garçon sortit en rampant d'une petite tente brune. Il était moins grand et plus trapu que le premier. « Des frères », décida Lisa tout de suite. Il pointa son doigt vers le ciel, au bout de la vallée.

— Regardez ! Le voilà !

Haut dans le ciel, un chasseur à réaction effectuait un virage. Il monta encore, vira et disparut derrière les montagnes. Le bruit s'affaiblit aussitôt, résonnant encore de pic en pic jusqu'à n'être plus qu'un murmure. Puis ce fut fini, et soudain, le bruit du ruisseau reprit.

Le grand garçon tendit la main.

— Je m'appelle Christian, dit-il. Et voici mon frère Mark.

Mark fit un petit salut, un hochement de tête plutôt, mais Lisa n'était pas prête à leur pardonner si facilement.

— Enchantée, répondit-elle, ignorant la main tendue. Et au revoir !

Et elle s'en alla d'un pas ferme, sa bouilloire à la main.

Pendant un moment, les deux garçons, sous le coup de la surprise, la regardèrent s'éloigner en silence. Puis ils se lancèrent un coup d'œil et éclatèrent de rire.

Lisa se retourna, furieuse, et déclara avec une dignité glacée :

— C'est très impoli de rire des gens.

Et tournant les talons, elle disparut.

Susan et son père étaient encore debout près du feu, examinant la vallée où les derniers échos de l'avion à réaction se faisaient entendre.

— Je n'ai pas aimé ça, dit Susan doucement.

— Quel imbécile ! marmonna John.

Lisa arriva et donna la bouilloire à Susan. Puis, ayant besoin de réconfort, elle mit ses bras autour de la taille de son père et le serra très fort.

Par-dessus les sommets, une traînée blanche apparut et s'étendit régulièrement, tandis que l'avion grimpait vers le soleil.

# Chapitre 2

C'était une journée parfaite. Le ciel était d'un bleu lumineux. A chaque bouffée de vent, les aiguilles des mélèzes tombaient avec un doux murmure. La vallée s'abaissait en pente raide, imprimant à la route des virages en épingles à cheveux.

Mark et Christian, sac au dos, descendaient le long de la route. L'air était frais mais le soleil brillait et ils avaient retroussé les manches de leurs chemises à carreaux de couleurs vives. Christian portait sur la tête un de ces chapeaux coniques en feutre, orné d'une plume de corbeau, comme en avaient les célèbres chasseurs alpins italiens. Il l'avait acheté pour s'amuser dans une boutique de souvenirs.

Afin de s'épargner du chemin, les garçons coupèrent à travers les arbres pour atteindre le virage suivant, plus bas. Il n'y avait guère de circulation à cette époque de l'année et ils avaient abandonné l'espoir d'être pris en stop. Bien que lourdement chargés, les garçons étaient en forme et progressaient rapidement. Leurs chaussures frappaient en cadence le tapis d'aiguilles pendant qu'ils avançaient dans un silence agréable. Au-dessus d'eux, les pics enneigés se dressaient majestueusement sur le ciel bleu gentiane. La vie était belle.

Ils faisaient de la randonnée et du camping depuis presque trois semaines dans le parc national de Gran Paradiso. Ils n'avaient guère eu besoin de leurs cordes et de leurs piolets, qui s'étaient ainsi révélés une surcharge inutile, mais en altitude les sentiers de randonnée étaient si magnifiques et la faune si intéressante qu'ils n'avaient pas ressenti le besoin de rechercher des pistes difficiles. A présent, ils s'apprêtaient à rentrer à Munich où ils habitaient, Christian pour terminer sa dernière année de lycée et Mark pour réintégrer son collège.

Ils étaient en plein milieu d'un raccourci, entre deux tournants, lorsqu'ils entendirent le bruit d'une voiture qui approchait, au-dessus d'eux. Pourquoi marcher quand on peut se faire véhiculer ? Ils se mirent à courir à petites foulées heurtées pour garder le contrôle de leur vitesse.

Une Fiat Strada bleue descendait prudemment la route en lacet. John Hamilton attaquait loin son virage puis tournait son volant aussi vite que possible une fois dans la courbe. Il adorait conduire en montagne, que ce soit sur la superbe autoroute qui surplombait les vallées, traversant les montagnes et les cols pour entrer en France, en Suisse ou en Autriche, ou sur ces petites routes de campagne sinueuses, qui ne menaient à rien, si ce n'est à une ferme isolée, perchée haut dans quelque vallée lointaine.

John fut le premier à voir les deux silhouettes émerger des arbres, devant eux sur la route, qui levèrent le pouce vigoureusement à l'approche de la voiture.

— On s'arrête ? demanda-t-il.

— Oui, dit Susan.

— Non, dit Lisa en même temps, reconnaissant les garçons.

Le rouge lui monta aux joues lorsqu'elle se souvint de la façon dont ils s'étaient moqués d'elle. John freinait déjà.

— Décidez-vous, dit-il.

— Non ! répéta Lisa fermement.

John enleva son pied de la pédale de frein et la Fiat dépassa les deux garçons.

Mark et Christian cessèrent d'agiter le bras et se redressèrent lorsque la voiture les doubla sans s'arrêter. Christian aperçut Lisa, renfrognée, sur le siège arrière. Il ôta son chapeau et l'agita joyeusement dans sa direction.

— Bonjour, l'Anglaise !

John regarda dans son rétroviseur les deux garçons debout sur la route.

— Ce n'est pas chic, dit Susan. Nous aurions dû les prendre.

— Non ! aboya Lisa.

— Pourquoi ? demanda John. Ils ont l'air de gentils garçons.

— Ha ha ! ricana Lisa, se rejetant en arrière sur le siège.

— On peut faire demi-tour, suggéra John.

— Si tu fais ça, dit Lisa, rouge de fureur, je descends et je vais à pied.

Son père lui jeta un coup d'œil dans le rétroviseur.

— Ce ne serait pas une mauvaise idée.

Susan fronça les sourcils d'un air désapprobateur, mais, avec tact, ne dit rien, préférant abandonner le sujet.

Un moment plus tard, un Klaxon rauque retentit derrière eux et une Renault 4, toute cabossée, les dépassa en trombe. Mark et Christian étaient tassés à l'arrière, leurs sacs à dos sur les genoux. Christian, le sourire aux lèvres, ouvrit la glace pour les saluer.

— Au revoir, l'Anglaise !

— Je suis bien contente que quelqu'un les ait pris, remarqua Susan.

— Ils ne le méritent pas, dit Lisa d'un air sombre.

L'après-midi, ils parcoururent les boutiques de la vieille ville de Courmayeur, en vue d'acheter des cartes postales et des petits cadeaux pour les amis. Lisa en eut vite assez de faire du lèche-vitrines. Susan était encore en train d'examiner des sacs à main et John plongé dans la comparaison du prix des vins. Lisa partit se promener toute seule.

Elle découvrit deux saint-bernard hirsutes et poussiéreux, qui se prélassaient sur le trottoir. Le propriétaire, assis au café, proposait aux éventuels clients une photographie avec les chiens. Lisa alla chercher Susan et John et insista pour qu'ils se fassent tous photographier. Lisa fut la première, et pendant que l'homme arrangeait les autres et mettait les chiens en position, elle reprit sa promenade.

Elle aperçut, non loin, une grande affiche sur un mur. C'était une image du mont Blanc, grossièrement dessinée, montrant le tunnel qui passait sous la montagne pour déboucher en France, de l'autre côté. « Quel dessin ! » pensa Lisa. Même elle aurait pu faire mieux.

Elle continua à examiner l'affiche d'un œil critique. Des bennes de téléphérique montaient, de pylône en pylône, le versant italien du mont Blanc.

Puis, des cabines plus petites traversaient les champs de neige et les glaciers juste en dessous du sommet de la montagne. Enfin, de plus grosses cabines redescendaient le versant français pour s'arrêter à Chamonix, tout près de l'autre bout du tunnel.

Le texte de l'affiche était écrit en italien et en français. On aurait dit une publicité. Tandis que Lisa déchiffrait à peu près ce qu'elle lisait, ses yeux se mirent à briller. Elle pivota sur ses talons et appela d'un ton excité :

— Papa ! Susan ! Venez vite. Venez un peu voir ça !

John s'approcha avec une lenteur désespérante. Susan donna une dernière caresse aux chiens avant de le suivre. Lisa sautait sur place, frénétiquement.

— Écoutez, écoutez ! Il faut que vous écoutiez ça ! Vous devez dire oui tous les deux. Promettez que vous allez dire oui. Il faut promettre.

— Calme-toi, dit son père.

— Qu'est-ce que c'est ? demanda Susan.

— C'est la plus *fantabuleuse* idée que

j'ai jamais eue ! Et il faut que vous disiez oui tous les deux. Il le faut.

— Nous écoutons, dit John.

Lisa comprit qu'elle n'obtiendrait pas une promesse à l'avance. Elle prit donc une grande inspiration, s'arma de sa voix la plus persuasive et expliqua son plan à l'aide de l'affiche devant elle.

— Papa passe par le tunnel avec la voiture, dit-elle. Susan et moi, nous prenons le téléphérique jusqu'au sommet, et on se retrouve tous de l'autre côté.

Il y eut un moment de silence qui parut interminable à Lisa. Puis Susan dit, d'un ton de reproche :

— Tu sais que j'ai peur du vide.

— Oh, s'il te plaît, Susan, s'il te plaît ! supplia Lisa. Je m'occuperai de toi.

John Hamilton regarda ses filles, un léger sourire aux lèvres. Il voulait les laisser se débrouiller entre elles.

Susan soupira et baissa les yeux tristement.

— Eh bien, si papa est d'accord, dit-elle.

Et Lisa comprit qu'elle avait gagné.

La gare de départ du téléphérique, à La Palud, est très simple : un bâtiment carré, en béton, avec un toit formant auvent et deux quais ouverts sur la montagne. Les deux bennes fonctionnent par contrepoids, de sorte que, lorsque l'une quitte le quai de droite pour entamer sa montée, l'autre commence sa descente vers le quai de gauche.

John, Susan et Lisa, leur sac sur l'épaule, se dépêchèrent de grimper l'escalier qui menait de la caisse à une benne en attente. Il y avait déjà plusieurs personnes dedans et un homme se tenait à la porte pour poinçonner les billets.

— Vite, dit Lisa, nous allons le rater !

— Non, certainement pas, dit John, en donnant les billets à Susan. Ne les perds pas.

Susan prit les billets en silence. Lisa scruta anxieusement le visage de sa sœur, craignant qu'elle ne faiblisse au dernier moment.

— Je te promets que je veillerai sur toi, Suzy, dit-elle, en lui prenant le bras. Tu vas voir, tout ira bien.

— Vous avez de l'argent ? interrogea John.

Susan hocha la tête.

— Et vos passeports ?

— On va en avoir besoin ? demanda Lisa, surprise.

— Naturellement ! dit John. Une fois au sommet de l'Helbronner, vous quitterez l'Italie pour entrer en France. Il faudra passer la douane et la police. Vous êtes certaines de pouvoir vous débrouiller ?

— Oh oui ! répondit tout de suite Lisa, soudain inquiète à l'idée que quelque chose pourrait les retenir à la dernière minute.

— Alors, embarquez. (John sourit.) Il se fait tard et il ne faut pas manquer ce spectacle.

Il se pencha pour les embrasser.

— Au revoir, papa.

Lisa déposa un baiser sur sa joue et entra vivement dans la benne, de peur qu'elle ne parte sans elles.

— Au revoir, 'pa.

Susan leva un visage si lugubre que son père ne put s'empêcher de rire.

— Tu vas adorer ça quand tu seras là-haut, dit-il.

— Je l'espère, répondit Susan. Crois-tu qu'on va arriver de l'autre côté avant toi ?

— Je vous attendrai, dit John, fermement. Au revoir, mes chéries. Veillez l'une sur l'autre.

Le contrôleur poinçonna les billets que Susan lui tendait, puis, comme elles entraient dans la benne, il fit coulisser la porte derrière elles. Elle se ferma avec un son caverneux. « Comme celle d'une cellule de prison », pensa Susan pour elle-même.

Un instant après, un bourdonnement s'amplifia dans la salle de contrôle et la benne glissa rapidement le long du quai.

John, qui regagnait la voiture dans le parking, les salua de la main lorsque la benne passa au-dessus de sa tête.

— Le voilà ! dit Lisa, tout excitée, agitant la main frénétiquement par la vitre arrière de la benne. Tu le vois ?

Comme Susan ne répondait pas, Lisa se retourna et vit sa sœur qui, les yeux fermés, serrait désespérement la barre verticale au milieu de la cabine.

Lisa se sentit aussitôt remplie de remords : elle n'aurait jamais dû entraîner sa sœur dans cette aventure. Elle n'avait pas vraiment mesuré à quel

LA PALUD

point un téléphérique pouvait être effrayant pour quelqu'un qui a peur du vide.

— Ô Susan ! dit-elle, posant la main sur le bras de sa sœur.

— Je vais très bien, dit Susan, qui n'avait pas du tout l'air d'aller très bien.

— Tu veux quelque chose ? demanda Lisa, essayant d'être utile.

— Seulement la terre ferme.

Lisa rit.

— Ce n'est pas drôle, remarqua Susan.

— Désolée, Suzy, je ne voulais pas rire, s'excusa Lisa.

Elle se tourna pour jeter un coup d'œil par la vitre arrière. Le parking n'était plus qu'un tout petit carré à présent, très loin en dessous d'elles, et elle ne pouvait plus voir leur voiture. Elle pensa que son père avait dû se mettre en route.

Un grincement soudain, suivi d'une secousse qui fit balancer la benne, surprit Lisa. Un doux « aaaah ! » s'éleva parmi les autres passagers.

— Qu'est-ce que c'est ?

Susan, paniquée, attrapa Lisa par le bras.

Lisa comprit vite ce qui était arrivé.

— Nous venons de passer un des pylônes, dit-elle, en voyant la haute structure d'acier qui s'éloignait déjà rapidement.

— C'est encore long ? demanda Susan, d'une petite voix cassée.

— Pas très, répondit Lisa.

Puis l'honnêteté lui fit ajouter :

— Tu sais, nous venons à peine de partir, quand même.

— A quelle distance du sol sommes-nous ? murmura Susan.

Lisa pensa qu'il valait mieux se montrer franche. Il n'y avait plus rien qu'elle puisse faire, maintenant.

— C'est difficile à dire, en vérité, répondit-elle. Nous montons le long de la montagne. Alors, certains rochers sont tout proches, et puis, il y a un ravin et là c'est assez profond, et nous sommes à des kilomètres au-dessus de la vallée. Tu devrais regarder, Suzy, c'est magnifique.

Susan ouvrit les yeux et les referma aussitôt, comme l'objectif d'un appareil photo. Et comme dans un appareil photo, cette fraction de seconde avait suffi pour imprimer une image vive dans son cerveau. L'image d'un ciel brillant, d'une ligne discontinue de pics enneigés et de rochers gris se dressant au même angle que la benne, et d'un grand glacier blanc rempli de crevasses sombres, qui coulait tel un fleuve gelé. Derrière ses paupières closes, Susan continuait à contempler ce spectacle terrifiant.

La benne du téléphérique les emporta silencieusement vers un second pylône d'acier, aussi énorme que le premier mais que l'échelle de la montagne réduisait à la taille d'une allumette.

« Aaaaah », firent les passagers à l'unisson quand la benne vibra et se balança une fois passé le pylône. Susan sursauta.

— Pourquoi font-ils ça ? siffla-t-elle d'un ton indigné.

— Comme pour les feux d'artifice, pour s'amuser, dit Lisa.

— S'amuser ! protesta Susan. Tu parles d'un amusement !

La benne ralentit et s'approcha doucement du quai. Un employé fit glisser la porte et les quelques passagers s'avancèrent vers la balustrade surplombant la vallée pour se prendre en photo contre le décor de ciel et de montagnes. Susan empoigna fermement la rampe tandis que Lisa la guidait.

— Est-ce que nous sommes arrivées ? demanda-t-elle, pleine d'espoir.

— Nous sommes à mi-chemin, dit Lisa d'un ton animé, à Pavillon, et on change de cabine. Allez, viens, je veux faire une photo.

Susan recula.

— Je ne vais certainement pas m'approcher du bord ! dit-elle vivement.

— Très bien, dit Lisa, allons par-derrière.

Et elle emmena Susan par une porte qui conduisait, dans la neige, du côté montagne de la station.

— Reste là, dit-elle, s'éloignant avec son appareil.

Susan jeta un regard vers le sommet de la montagne qui s'élevait au-dessus d'elle. A sa grande horreur, elle aperçut un point rouge qui descendait rapidement à flanc de montagne. Son cœur se mit à battre désespérément lorsqu'elle réalisa que c'était la cabine qui allait les emporter lors de la prochaine étape de leur voyage.

— Ne bouge plus, ordonna Lisa. Et tâche de sourire.

— Je ne veux pas monter là-haut, dit Susan. Et c'est vraiment définitif.

Lisa appuya sur le déclencheur sans attendre le sourire. Elle saisit fermement Susan par la main et la tira vers la station.

— On ne peut plus retourner en arrière, dit-elle. Papa doit être au beau milieu du tunnel, à présent.

— Très bien, très bien, marmonna Susan. Mais ne me bouscule pas.

Elles tournèrent le coin du bâtiment, où quelques tables étaient dressées au soleil. Tandis que Lisa entraînait Susan vers la porte du snack-bar, une voix familière les interpella joyeusement.

— Bonjour, l'Anglaise !

Lisa, furibonde, le dos au mur, tenait fermement la main de Susan. Il ne lui manquait que ça ! Christian et Mark, sac au dos, lui souriaient. Christian lui tendit un sac en papier.

— Vous voulez un sandwich ?

Lisa secoua la tête. Les deux garçons bloquaient l'accès du snack-bar et elle ne pouvait quand même pas pousser Susan contre eux.

Christian, tout en mâchant son sandwich, leva les yeux vers la montagne.

— Superbe, n'est-ce pas ? dit-il. Vous n'avez pas de montagnes comme ça, en Angleterre, hein ? Seulement des petits talus herbeux.

Lisa lui jeta un regard courroucé. C'était bien de lui d'insulter les collines anglaises ! Le Ben Nevis, sans aucun doute, n'était pas aussi élevé que le mont Blanc, pensa-t-elle, sur la défensive, mais, au moins, on pouvait y grimper à pied, sans prendre un téléphérique. Cependant, elle ne répondit rien.

Christian éclata de rire devant son visage furieux. Lisa le haïssait.

Mark observa Lisa, puis Susan, silencieuse et déprimée. Il comprit que Lisa avait des problèmes. Il dit quelque chose en allemand à son frère, et les deux garçons s'apprêtèrent à partir. Christian toucha gentiment son chapeau et sourit aux filles.

— A bientôt au sommet, dit-il, et il suivit Mark.

— Viens, Suzy, grinça Lisa. Ne leur montre pas que tu as peur.

Les deux filles avancèrent d'un pas ferme jusqu'à la cabine où le même employé attendait pour poinçonner leurs billets. La porte se referma derrière elles et, quelques secondes plus tard, elles s'élevaient silencieusement au-dessus des champs de neige, de plus en plus haut, vers le sommet.

# Chapitre 3

La vue qui s'offrait à présent était différente. Le paysage n'avait pas de couleurs, les champs verdoyants et les forêts de mélèzes se trouvaient à des milliers de mètres plus bas, on ne distinguait plus les maisons, et la route, dans la vallée, n'était qu'un mince fil. La cabine flottait sans heurts au-dessus d'un monde rude de neige blanche et de rochers noirs.

A part Susan, Lisa et les deux garçons, il n'y avait que deux autres personnes dans la cabine. Le reste des voyageurs était demeuré au Pavillon pour jouir du dernier soleil de l'après-midi, en prenant une tasse de thé ou un verre au bar et, à la benne suivante, redescendre dans la vallée, où ils auraient encore tout le temps de se promener et de prendre un bain avant le dîner. En pleine saison, les cabines du téléphérique étaient prises d'assaut à chaque voyage par les touristes. De longues queues se formaient à chaque station et les bennes montaient et descendaient comme des Yo-yo pour avaler et dégorger leur cargaison. Mais, en octobre, le rythme était plus lent, les bennes n'arrivaient que toutes les heures et quelquefois repartaient vides.

Christian s'était assis sur son sac à dos pour manger ses sandwichs. Il bavardait tranquillement avec Mark. Ils se montraient les sommets qui apparaissaient, chacun essayant de les identifier le premier. Christian jeta un coup d'œil à Susan, agrippée misérablement à la barre centrale, les yeux fermés. Il poussa Mark du coude et lui désigna la jeune fille d'un signe de tête. Mark ne put s'empêcher de sourire devant son supplice évident. Christian, toujours moqueur, fit semblant de s'accrocher à une barre imaginaire, ferma les yeux très fort et claqua des dents de terreur. Lisa lui lança un regard étincelant de colère, puis détourna les yeux. Mark, bien qu'amusé, rabroua gentiment Christian et ils se tournèrent tous les deux vers les montagnes, tandis que la forme facilement reconnaissable du Matterhorn se dessinait à l'horizon.

La cabine entra en grinçant dans la station, à côté du refuge de Torino. Lorsque la porte s'ouvrit, une bouffée de vent glacé les surprit. Susan frissonna.

Les deux garçons attrapèrent leurs sacs à dos, sortirent précipitamment et s'engouffrèrent dans une volée de marches raides, les prenant trois par trois. Lisa, sentant leur empressement, prit Susan par le bras et siffla.

— Vite, il vaut mieux les suivre.

Susan lui emboîta le pas, toujours aussi misérable.

Il devait bien y avoir trente marches, et le temps que les filles en gravissent la moitié, elles étaient hors d'haleine et leur pouls battait d'une manière effrénée. Lorsqu'elles atteignirent la petite plate-forme du haut, elles se sentaient toutes deux étourdies et des étoiles dansaient devant leurs yeux. Bouche ouverte comme des poissons hors de l'eau, elles se laissèrent tomber sur un banc en bois. Lisa leva les yeux et vit Christian et Mark déjà installés dans une petite cabine. Christian riait franchement.

— Vous l'avez fait exprès ! dit Lisa, haletante, vous avez voulu nous faire croire que nous étions en retard, juste pour nous faire courir.

Mark eut l'air contrit.

— C'est l'altitude, dit-il. L'air se raréfie et il faut un petit moment pour s'y habituer.

Un autre employé vint vérifier leurs billets et leur fit signe d'entrer dans la cabine.

Lisa tira Susan derrière elle et, en se serrant, elles rejoignirent à contrecœur les deux garçons. L'employé était déjà aux manettes de contrôle et manœuvrait des boutons. Un moteur électrique se mit en marche et la cabine, pas plus grande qu'une cabine téléphonique, attaqua le dernier tronçon du voyage jusqu'à l'Helbronner.

— Connaissez-vous ces montagnes ?

Lisa se retourna pour trouver Mark

derrière son épaule. Elle secoua la tête. Mark n'était pas si mal, c'était Christian qui se moquait d'elle tout le temps. Mark indiqua du doigt, sur leur droite, une cime lointaine qui se dressait à des centaines de mètres dans le ciel.

— C'est la Dent du Géant, dit-il. (Puis, il ajouta, dans une explication amicale.) En anglais, ça signifie...

— Merci, le coupa Lisa, plus vivement qu'elle n'en avait l'intention. Je comprends le français.

Mark eut un léger haussement d'épaules, mais persévéra dans ses tentatives d'apaisement.

— Là-bas, c'est l'Helbronner, là où nous allons.

Lisa regarda le bâtiment carré en béton, où les câbles disparaissaient dans deux trous noirs, perchés au bord du précipice.

— Et de ce côté, poursuivit Mark, en montrant la gauche, c'est le mont Blanc. Le plus haut, celui qui est recouvert de neige.

Même Susan dut admirer le mont Blanc, si majestueux au-dessus de l'enchevêtrement sauvage de rocs et de glaciers, parmi d'autres sommets moins élevés, dardant néanmoins jalousement leur cime.

— Nous avons de la chance, reprit Mark. Aujourd'hui, il n'y a pas de nuages. En montagne, il faut toujours se méfier des nuages. Ils surviennent parfois de façon soudaine et on peut se perdre très facilement.

Les filles se regardèrent en silence et Lisa sentit un frisson le long de son échine.

Juste à ce moment-là, une rafale de vent poussa la petite cabine contre le bord du quai. Un écriteau jaune annonçait : PUNTA HELBRONNER 3 482 m. Elles n'avaient jamais été si haut, sauf en avion.

Lisa se mit à calculer, en sortant de la cabine : c'était deux fois et demie l'altitude du Ben Nevis.

— Venez voir la vue, dit Mark, c'est vraiment quelque chose.

Les deux garçons montrèrent le chemin en empruntant un escalier en béton, sombre, qui, par une porte en fer, conduisait jusqu'à une étroite passerelle, et semblait flotter dans le vide. Lisa hésita, elle ne pourrait jamais convaincre Susan de monter là-haut.

Les garçons avaient déjà disparu dans un tournant. Les marches enneigées étaient glissantes. A la grande surprise de Lisa, Susan la suivit. Aussi misérable qu'elle puisse se sentir, Susan pouvait encore bouger les jambes.

Les filles débouchèrent, dans un soleil éclatant, sur une plate-forme qui formait le toit de la station du téléphérique. Le monde entier semblait s'étendre à leurs pieds et elles restèrent muettes, le souffle coupé. Il faisait froid. Un froid comme elles n'en avaient jamais affronté. Elles se dirigèrent dans la neige crissante jusqu'à un banc et farfouillèrent dans leurs sacs pour prendre des gros pulls, des écharpes, des gants, des bonnets et leurs anoraks jaune vif.

Mark et Christian se tenaient au bord du parapet, contemplant l'océan des montagnes les plus hautes d'Italie, de France et de Suisse.

Lisa gagna le point le plus élevé de la plate-forme, tout en enfilant son anorak. Elle considéra les deux lignes parallèles de câbles qui partaient de la station, sous ses pieds, et s'étiraient à travers un vaste champ de neige jusqu'à une rangée de pics, dans le lointain.

— Regarde, Susan ! cria-t-elle, tout excitée. C'est là que nous allons, là-bas, ce pic noir au-dessus du rocher. Et tout ce qui s'étend entre, c'est la vallée Blanche.

L'aiguille noire que Lisa désignait était la station de relais de télévision au sommet de l'aiguille du Midi, du côté français. C'était encore plus haut que l'endroit où elles se tenaient.

Lisa descendit en courant la pente jusqu'au banc où Susan était restée assise.

— Allez, viens, Suzy.

Elle mit son sac sur son épaule, puis vit le visage de Susan et son cœur se serra.

— Ô Susan, dit-elle doucement.

Susan leva les yeux vers elle.

— Je ne me sens pas bien, dit-elle. Je ne peux pas continuer, je ne peux vraiment pas.

— On ne peut pas revenir en arrière maintenant..., commença Lisa.

Elle n'alla pas plus loin, parce qu'elle aperçut soudain Christian qui faisait encore l'idiot.

— Je ne peux pas, je ne peux pas ! (Christian se laissa tomber sur les genoux, aux pieds de Mark. Il frappa désespérément de ses poings la poitrine de son frère.) S'il te plaît, ne m'oblige pas ! Pas là-haut !

Lisa était furieuse.

— Accroche-toi à moi, siffla-t-elle à Susan. Tout se passera bien, des centaines de gens font ça tous les jours.

Susan secoua la tête.

— Je ne peux pas m'en empêcher.

Lisa sentit la colère monter en elle, tandis que la voix de Christian devenait hystérique.

— S'il te plaît, non ! cria-t-il. Pas au-dessus de la vallée Blanche — pas la vallée Blanche !

Il s'agrippait à Mark, en sanglotant farouchement.

Lisa en avait plus qu'assez.

— Espèce d'imbécile ! lui cria-t-elle.

Mark se dégagea de la main de Christian.

— Arrête de faire l'idiot ! (Il indiqua Susan de la tête.) Elle a vraiment peur.

Christian réalisa enfin qu'il avait été trop loin. Il se mit gauchement debout, tandis que Mark s'approchait des deux filles.

— Excusez-nous, dit Mark. Christian ne voulait pas être méchant.

— Allez-vous-en !

La voix de Lisa se brisa. Elle se sentait soudain désespérée et toute proche des larmes.

La voix de Mark insista gentiment.

— Laissez-moi vous aider. Je vais me mettre d'un côté et vous de l'autre.

Il prit un des bras de Susan.

— Il faut y aller, maintenant. Il commence à se faire tard et on va bientôt fermer la ligne. Il nous faudrait alors revenir vers l'Italie. Venez.

Il tira gentiment Susan.

Au grand soulagement de Lisa, Susan se leva et se mit à marcher avec Mark sur la neige gelée. Lisa saisit son autre bras et ils s'engagèrent tous les trois dans l'escalier pour descendre de la plate-forme. Christian se chargea des deux sacs à dos et les suivit, un peu honteux.

Mark avait raison à propos de l'heure tardive. Lorsqu'ils atteignirent le couloir sombre où la police italienne, la police française et les douanes avaient leurs petits bureaux, tous les signes d'une fermeture en cours étaient visibles. Des hommes, vêtus de différents uniformes, bavardaient entre eux, des écriteaux annonçant FERMÉ OU CHIUSO apparaissaient aux guichets, des volets de bois se baissaient là où l'on devait faire viser son passeport. Mark et les deux filles s'arrêtèrent, consternés.

— Il est trop tard ? demanda Lisa.

Mark eut l'air sombre.

— On dirait.

Juste à ce moment-là, un jeune policier italien les aperçut. Il vit le passeport anglais dans la main de Lisa et lut le désappointement sur leurs visages.

— Vous voulez traverser ?

— Oui, dirent Mark et Lisa ensemble.

Lisa ajouta :

— Oui, s'il vous plaît.

Le jeune policier leur fit signe de passer.

— Alors, dépêchez-vous, sinon vous allez manquer la cabine.

Lisa lui tendit son passeport.

— Vous pouvez me le tamponner, s'il vous plaît ?

— Si vous voulez attendre jusqu'à demain. Dépêchez-vous plutôt.

Des visages amicaux leur sourirent tandis qu'ils suivaient en hâte le couloir.

— Dépêchez-vous, dépêchez-vous, vous allez rater la dernière cabine. Rien à déclarer ? Ça ne fait rien, filez !

« Rien à voir avec les douanes anglaises », pensa Lisa avec indignation. Elle aurait bien voulu avoir un tampon sur son passeport.

Christian était sur leurs talons lorsqu'ils débouchèrent dans le rugissement et le tumulte de la galerie de départ. Tout se passa très rapidement. Un homme, bien emmitouflé, les invita d'un geste à s'avancer, en criant quelque chose en italien. Susan et Lisa se regardèrent, éperdues, mais Mark semblait avoir compris.

— Il dit que nous avons de la chance. C'est la dernière cabine pour aujourd'hui.

Tous quatre se tournèrent vers la cabine rouge et argent qui arrivait vers eux. Elle était à peu près de la taille du compartiment passager d'une Mini

Austin, les deux sièges avant faisaient face aux deux sièges arrière. L'homme ouvrit la porte et marcha avec la cabine tout en leur faisant signe d'embarquer. Mark entraîna Susan vers l'entrée.

— Pourquoi ne s'arrête-t-elle pas ? hurla Susan, paniquée.

— Elle ne s'arrêtera pas, répondit Mark. Montez !

Susan et Lisa furent poussées dedans, puis les sacs à dos et enfin Mark et Christian s'engouffrèrent en dernier. La porte claqua.

— Nous avons réussi ! (Christian souriait joyeusement.) C'était moins une, hein ?

Deux cabines vides se balançaient devant eux, à quelques mètres d'intervalle l'une de l'autre. Et l'une après l'autre, elles sortirent du tunnel sombre de la station.

Puis ce fut leur tour. Dans le soleil étincelant et l'air transparent et glacé, loin au-dessus de la neige et des glaciers, dépassant des parois rocheuses et des précipices, ils glissèrent en silence par-dessus le toit de l'Europe.

# Chapitre 4

Peut-être fut-ce la bousculade qui permit à Susan de se sentir mieux, ou l'excitation partagée d'avoir failli rater la dernière cabine ; ou peut-être que le fait d'être enfermée dans un si petit espace avec Lisa et les garçons avait diminué son sentiment d'isolement et sa frayeur. Quelle qu'en fût la raison, elle se sentit mieux. Et, parce que Susan se sentait mieux, tout le monde se sentit mieux.

Christian sortit un sachet de bonbons de la poche de son anorak et en offrit un à Susan. Elle jeta un coup d'œil à Christian et en prit un.

— Merci, dit-elle poliment.

« Bon, pensa Lisa, elle va mieux. » Puis le paquet de bonbons fut tendu dans sa direction. Lisa hésita.

— Allez-y, l'Anglaise, dit Christian en souriant. Prenez-en un.

— Je m'appelle Lisa, rétorqua-t-elle en fronçant les sourcils.

— Excusez-moi. (Christian souleva son chapeau à plumes d'un geste exagéré.) Prenez-en un, Lisa.

Lisa voyait bien qu'il se moquait encore d'elle, mais ça ne la choquait pour autant. Elle sourit et se servit.

— Merci, dit-elle d'un ton pincé.

Christian roula des yeux extasiés.

— Elle me parle !

Et prenant son chapeau, il l'enfonça sur la tête de Lisa.

Lisa éclata d'un rire joyeux. Comment avait-il compris qu'elle avait eu envie de ce chapeau dès qu'elle l'avait aperçu ?

Au bout d'un instant, elle cala le bonbon dans sa joue.

— Je peux vous demander quelque chose ? dit-elle, timidement.

— Bien sûr.

Et quand il ajouta : « De quoi

s'a*ch*it-il ? » Lisa le remarqua particulièrement.

— Eh bien, justement, je voulais savoir si vous ne pouvez pas prononcer le *g* ou si on le prononce *ch* en allemand ?

— Lisa ! protesta Susan.

Mais les deux garçons se mirent à rire.

— C'est en effet difficile pour nous, expliqua Mark. Nous prononçons aussi le *v* comme un *f*.

— *F*oici donc ce que *f*ous entendez, plaisanta Christian.

Ce qui les fit rire tous les quatre.

— Vous parlez très bien l'anglais, dit Susan. Ne faites pas attention à Lisa.

John Hamilton arriva directement à la gare du téléphérique de Chamonix et gara sa voiture. Il ferma la portière et consulta sa montre. Les filles ne seraient pas là avant encore une heure.

Il se dirigea vers le bar le plus proche, s'assit à une table au soleil, commanda une bière et s'installa confortablement pour regarder le temps passer. Il leva les yeux vers le ciel bleu. Quelques nuages effilochés s'accrochaient aux plus hauts sommets. Les filles devaient jouir d'un spectacle magnifique.

A trois mille trois cent cinquante mètres au-dessus du niveau de la mer, trois petites cabines rouge et argent filaient silencieusement le long d'un câble mince comme un fil. Ce câble extraordinaire qui s'étire du Helbronner, en Italie, jusqu'à l'aiguille du Midi, en France, n'est soutenu que par deux points seulement. Il passe sous un court tunnel, à travers un pic appelé le Gros Rognon, et l'autre point de suspension consiste en un autre câble tendu entre deux pics — le Grand Flambeau et le Petit Flambeau. Les trois cabines, deux vides et une pleine, approchaient à présent de ce pylône suspendu à soixante-dix mètres au-dessus de la neige.

Il y eut un frémissement soudain, un bruit sourd, et la cabine descendit rapidement de l'autre côté du pylône aérien. Susan ouvrit la bouche toute grande et enfouit sa figure contre l'épaule de Christian.

— Qu'est-ce que c'était ? demanda-t-elle.

— Susan, relax, dit Christian en riant. Il n'y a pas à s'inquiéter. Nous sommes parfaitement en sécurité.

Susan fut horrifiée.

— Touchons du bois, dit-elle.

Lisa regarda vivement autour d'elle, à la recherche d'un objet en bois. Le piolet de Mark dépassait de son sac à dos et elle serra le manche en bois.

— Bois touché, dit-elle.

Christian rit encore et même Mark sourit, mais Susan ne trouvait pas ça drôle.

— Il ne faut pas parler ainsi. C'est tenter le destin, dit-elle d'un ton réprobateur.

Le destin ? Ce fut peut-être une simple coïncidence, mais juste à ce moment-là, un chasseur à réaction apparut dans le ciel et se dirigea silencieusement vers eux. Il allait plus vite que son propre bruit. Son ombre glissa sur les rochers, la glace et les crevasses béantes. Le mince fil du câble se trouvait devant lui. Au dernier moment, le pilote releva le nez de son appareil.

— Qu'est-ce que c'était ?

Susan leva les yeux sur l'ombre soudaine qui passait sur la cabine. Avant que quelqu'un pût répondre, le bruit les frappa, un bang violent comme un coup de tonnerre, puis un rugissement assourdissant. Instinctivement, ils se baissèrent, fermèrent les yeux, se bouchèrent les oreilles. Le câble tendu vibra au-dessus de leurs têtes, les roues de la cabine accrochées au câble firent entendre un son alarmant.

— Le voilà !

Mark désignait quelque chose par la vitre. Les autres scrutèrent le ciel avec anxiété.

L'avion, déjà réduit à la taille d'un jouet, s'élevait dans le soleil, le rugissement sourd de ses réacteurs se répercutant de pic en pic.

— Il m'a fait peur, dit Susan calmement.

— C'est à moi qu'il a fait peur, rétorqua Christian d'un ton enjoué. Vous, vous aviez déjà peur.

Lisa regarda pensivement dehors.

— C'est ce bruit-là qu'on a entendu ce matin, dit-elle.

— Peut-être est-ce le même avion, suggéra Mark.

Ils se dévisagèrent pendant un moment, en silence.

— Pourquoi fait-il ça ? demanda Susan. Je veux dire, s'approcher si près ?

— Peut-être qu'il se sert de nous pour s'entraîner à la cible, dit Christian. Il nous prend pour son point de mire : ta-ta-ta-ta-ta !

— Eh bien, il ne devrait pas.

Susan était encore effrayée et furieuse.

— Ta-ta-ta-ta-ta ! se moqua Christian. Formidable !

Mark était bien plus inquiet que son frère.

— Il ne devrait pas faire un bruit pareil en montagne, dit-il.

— Okay, admit Christian en haussant les épaules. C'est un peu antisocial.

— C'est dangereux, corrigea Mark. Ça peut provoquer une avalanche.

— J'espère bien que non, dit Susan, à nouveau nerveuse. Dieu merci, il est parti.

Lisa fixait un point par la vitre de la cabine.

— Non, il n'est pas parti, dit-elle. Le revoilà.

Quatre cœurs battirent plus vite. Quatre paires d'yeux suivirent l'avion qui revenait sur eux, piquant entre deux sommets. Encore une fois, le silence s'abattit, inquiétant, tandis qu'il fonçait au-dessus de la neige, droit sur eux. Il approchait. Silencieux. Plus près. Silencieux. PLUS PRÈS. Quatre têtes se baissèrent. Au dernier moment, le pilote redressa l'avion juste au-dessus de la cabine.

Le bang supersonique frappa la cabine avec un bruit tonitruant. Le câble vibra. La poulie, sur le câble, sauta au rythme des vibrations, balançant la cabine en dessous.

Quatre visages anxieux se tournèrent vers le plafond. Même Christian s'alarmait, à présent.

— Est-ce qu'il nous a touchés ?

— Non, dit Mark vivement.

— Les ondes de choc, alors ? suggéra Christian. A cause du bruit ?

— Je crois, oui.

— Est-ce que quelque chose va arriver ? demanda Susan, essayant de contrôler le tremblement de sa voix. Comme je voudrais qu'on puisse sortir d'ici !

— Pas maintenant, Susan, dit Christian, et ils suivirent son regard, en bas.

Ils étaient à environ cent mètres au-dessus d'un enchevêtrement de crevasses. Des lèvres noires s'ouvraient cruellement dans la blancheur étincelante de la neige.

— Qui a dit qu'on était parfaitement en sécurité ? questionna Lisa d'un ton accusateur.

— Ne commence pas, toi aussi, la rabroua Susan. C'est bien suffisant que l'une de nous panique.

— C'est vrai, dit Mark fermement. Et si nous parlions d'autre chose. Vous vous rappelez ce que j'ai dit à propos des nuages ? Admirez le mont Blanc, à présent.

Ils obéirent. Le chapeau de neige blanche du mont Blanc avait disparu, ainsi que les sommets de tous les plus hauts pics.

— C'est vraiment soudain, dit Susan.

Un moment plus tard, les premiers nuages glissèrent le long de leur cabine, puis la vue fut complètement bouchée.

— A présent, je ne peux plus prendre de photos, se plaignit Lisa.

— Au moins, nous sommes cachés de cet avion, observa Christian.

— Ce n'est pas changer de sujet, ça, fit remarquer Mark d'un ton ferme. Susan, à vous l'honneur.

Susan sourit et s'éclaircit la gorge.

— Eh bien, commença-t-elle, notre nom est Hamilton et nous faisions du camping avec notre père. Il est parti en voiture par le tunnel et nous devons le retrouver de l'autre côté...

Les cabines se déplaçaient silencieusement à travers les nuages, traçant leur chemin aveugle au-dessus des pentes neigeuses et des glaciers de la vallée Blanche.

John Hamilton leva les yeux de son journal en frissonnant brusquement. Un nuage venait de cacher le soleil et sans lui, l'air était frisquet. Il devait faire encore beaucoup plus froid là-haut, pensa-t-il en considérant les montagnes. Il vit les nuages qui se formaient et restaient accrochés aux plus hauts sommets et il se demanda vaguement si les filles avaient pris de bonnes photos. Les nuages et leur ombre ajoutaient toujours une dimension dramatique aux photos de montagne.

Le bang et le grondement d'un avion, au loin, le firent scruter le ciel. Il fronça les sourcils en l'apercevant, flèche argentée dans le soleil.

— Voilà l'imbécile, murmura-t-il, et il se replongea dans son journal.

Les cabines émergèrent des nuages et se retrouvèrent une fois de plus dans la clarté du soleil.

— Quelles courtes vacances ! (Christian était fort surpris et aussi compatissant.) Seulement six semaines en été ? En Allemagne, nous avons deux mois, et en France, ils en ont presque trois.

Ils bavardaient facilement, à présent, de leurs écoles et des différents usages de leurs pays respectifs.

— Et combien avez-vous à Noël et à Pâques ? interrogea Susan.

— Deux semaines, répondit Mark.

— Nous en avons plus, dit Susan. En général, deux à trois semaines pour Noël et autant pour Pâques.

Christian était enclin à se montrer dogmatique dans ce domaine.

— Ça, ce n'est pas malin, dit-il, vous devriez avoir plus de vacances en été et moins en hiver. On ne peut pas faire grand-chose quand il fait mauvais temps. Et en Angleterre, vous ne pouvez même pas aller skier.

Lisa hurla. Toutes les têtes se tournèrent vers elle.

— Susan ! sanglota-t-elle en enfouissant sa tête dans les genoux de sa sœur.

L'avion était tout proche et se dirigeait droit sur eux. Ils le contemplèrent, pétrifiés d'horreur. Cette fois-ci, il allait certainement les toucher.

Il passa si près qu'en ce milliardième de seconde, ils aperçurent clairement le pilote.

Puis le bruit les frappa de plein fouet.

Il frappa le câble, il frappa la poulie, il frappa la cabine. Le câble vibra, la poulie rebondit en cliquetant, la cabine oscilla. Ils n'entendirent pas le bang supersonique mais le rugissement persista longtemps. Le dommage avait été fait. La poulie sortit du câble porteur qui vibrait encore. La cabine plongea.

Sa chute fut arrêtée par le câble de traction — un câble plus mince qui faisait avancer les cabines le long du câble principal. Le câble de traction fléchit en une longue courbe molle.

Lorsqu'il atteignit sa limite de tension, la cabine rebondit en l'air, mettant en branle, à l'intérieur, un ballet grotesque de bras, de jambes et de sacs à dos qui volaient dans toutes les directions.

Puis la cabine retomba lourdement.

Le câble de traction trembla et un de ses fils d'acier se rompit avec un bruit sec. La cabine reprit sa chute. Alors les cris éclatèrent — la douleur, l'effroi, le désespoir —, arrachés de gorges terrifiées. Avec une épouvantable secousse, la cabine stoppa brutalement, les aplatissant en tas sur le plancher. Comme

une pendule géante, elle oscilla silencieusement au bout du câble abîmé.

Mark et Christian, la voix rauque de peur, échangèrent quelques mots en allemand.

Susan avala sa salive et réussit, elle ne savait comment, à parler.

— Qu'est-il arrivé ?

— Nous ne sommes pas certains..., dit Mark, essayant de se redresser.

Il fixait désespérément le toit de la cabine, comme si par un effort de volonté son regard pouvait percer la tôle d'aluminium et voir par quel miracle de fil et d'acier ils se trouvaient suspendus dans le vide au lieu de s'être écrasés sur la glace dure. Le câble, au-dessus de leurs têtes, gémit profondément tandis que le vent agitait la cabine.

Lisa leva les yeux :

— Qu'est-ce que c'est que ce bruit affreux ?

Christian la regarda.

— C'est le câble qui nous retient. Ne t'en plains pas.

Lisa s'agenouilla lentement.

— Je me souviens que nous tombions, dit-elle. Mais comment nous sommes-nous arrêtés ?

Contemplant toujours d'un regard anxieux le toit de la cabine, Mark lui expliqua :

— Ces cabines ont deux câbles, l'un sur lequel elles roulent — le câble principal ou câble porteur — et l'autre qui les tire. J'ai l'impression que les roues de la poulie sont sorties du câble principal et que nous ne tenons plus que par le câble tracteur.

A ce moment-là, la cabine tourna lentement sur elle-même au gré du vent, provoquant un crissement sourd de la part du câble torturé qui les retenait.

— Qu'allons-nous faire ? éclata Susan.

Ils se dévisagèrent en silence.

Mark s'éclaircit la gorge.

— C'est une bonne question.

— Pendant que vous décidez, dit Lisa, je vais faire mes prières.

Et elle enfonça son visage dans l'un des sacs à dos.

Christian réussit à sourire.

— C'est une bonne idée, l'Anglaise.

Lisa releva la tête d'un geste brusque.

— Lisa ! dit-elle.

— Désolé, Lisa, dit Christian.

Au-dessus d'eux, le câble, tendu à

l'extrême, grinçait.

— C'est le vent, dit Mark d'un ton sinistre. Plus le vent souffle, plus la cabine bouge et plus le câble supporte de tension. S'il casse complètement...

Il s'arrêta au milieu de sa phrase.

— Oui, ajouta Christian sombrement, et l'un de ses fils d'acier a déjà cassé.

Susan considéra Christian, puis Mark, puis Christian.

— Ils vont venir à notre secours, dit-elle, désespérée. Ils vont venir nous chercher.

Mark demanda simplement :

— Comment ?

La cabine trembla.

Ils retinrent leur souffle, tandis que le câble protestait.

— Ils vont venir nous secourir.

La voix de Susan s'éleva d'un ton. Elle avala sa salive et lutta pour contrôler sa panique. Elle se força à prendre un ton raisonnable.

— Ils ne peuvent pas nous laisser pendus comme ça par un fil, pour toujours.

Mark dit avec une calme détermination :

— Il n'y a pas de « pour toujours » pour nous, Susan.

# Chapitre 5

L'Helbronner. La sonnerie d'alarme retentit bruyamment. Elle résonna le long des escaliers en béton, des couloirs sombres et dans le snack-bar vide. Elle retentit sur les quais et sur la neige, et dans tous ces endroits il n'y avait personne pour l'entendre. La police, les douanes, les touristes et le personnel, tous étaient en train de descendre dans la vallée, vers leurs maisons et leurs hôtels. Il n'y avait qu'une personne, dans la salle de contrôle vitrée, pour entendre le strident message de détresse.

Attilio se boucha une oreille et pressa le combiné du téléphone contre l'autre.

Il maudit le fait d'être de service justement le jour où un incident se produisait. Et qu'est-ce qui était arrivé ? Il l'ignorait. Il scruta par la fenêtre les nuages qui défilaient, mais on ne pouvait rien voir.

L'ingénieur français, à l'autre bout du fil, était également dans le noir. La seule chose qu'il savait, c'était que le câble de traction s'était soudain détendu. Il supposait qu'il était endommagé, mais il ne comprenait pas pourquoi.

Ils échangèrent leurs réflexions. Au moins, les quelques passagers bloqués ne risquaient rien. Là-dessus, ils étaient bien d'accord. Le câble principal était encore intact, les cabines qui y étaient suspendues étaient en sécurité. Que grâce soit rendue à Dieu. Oui, il allait faire froid là-haut, mais il valait mieux avoir froid pendant quelques heures plutôt que s'écraser sur le glacier.

Attilio appela ensuite son assistant et ami, Massimo, qui, lui, se trouvait au milieu de la ligne, à l'endroit où les câbles passaient sous le petit tunnel dans le roc, au sommet du Gros Rognon.

Massimo avait froid et était de fort méchante humeur. Il n'avait plus rien à manger et il était dégoûté à la perspective d'une longue nuit froide dans ce nid isolé. Et il ne savait pas non plus ce qui s'était passé — on ne pouvait rien voir dans la vallée Blanche, les nuages étaient bien trop épais maintenant et on aurait dit qu'un orage se préparait. Non, répéta-t-il, grognon, il ne savait vraiment pas ce qui avait pu arriver. Oui, le câble de traction s'était soudain détendu, deux cabines avaient glissé et s'étaient emmêlées dans le câble distendu, et à présent c'était un beau merdier dans le tunnel. Heureusement, les cabines étaient vides, bougonna-t-il, sinon, il y aurait eu des blessés. Non, rien à signaler avant cela — sauf qu'un imbécile, dans son avion, était descendu encore plus bas que d'habitude. Il en avait sauté sur sa chaise. Il pensait que le pilote devait essayer de traverser le tunnel. Quelle bande d'abrutis ! Pourquoi faisaient-ils ça !

Attilio sourit et écouta patiemment. Il était soulagé de savoir que les cabines étaient vides. Il se souvenait des quatre jeunes gens qui avaient pris la dernière cabine de la journée. Comme il n'y avait pas eu de passagers en provenance de l'autre côté, le côté français, ces quatre-là devaient donc être les seuls sur la ligne du téléphérique. Mais quand même, quatre, c'était encore beaucoup trop.

Il écourta la conversation et téléphona à la base des hélicoptères, à Aoste. Peut-être qu'un appareil pourrait décoller avant que l'orage n'éclate et aller vérifier le câble. Le pire, c'était de ne pas savoir à quoi s'en tenir. Dès qu'il aurait contacté la base des hélicoptères, il se mettrait en rapport avec la police et le quartier général des guides alpins à Courmayeur — et puis, le maire ! Il ne fallait pas oublier de prévenir le maire.

Attilio attendit la tonalité avec impatience. Au moins, ces quatre jeunes étaient chaudement habillés, pensa-t-il. Et ils avaient des sacs à dos, ils devaient donc avoir à manger et des vêtements supplémentaires. Non, ils ne risquaient pas grand-chose, même s'ils devaient passer la nuit dans la cabine.

Lisa, accroupie dans un coin de la cabine, regardait fixement les nuages. Ils s'amassaient et tourbillonnaient comme de la fumée tout autour d'eux. Quelquefois, la couche se déchirait pendant un moment et elle apercevait alors un pic recouvert d'une calotte de neige. Ou une trouée apparaissait en dessous de la cabine et elle voyait alors une pente raide, toute blanche, très loin en bas. A quelle distance, elle ne pouvait en juger parce qu'il n'y avait pas de point de repère qui aurait pu lui donner l'échelle, seulement des nuages et de la neige. Et du vent ! Elle ferma les yeux pendant que la cabine tournait sur elle-même et que le câble protestait en gémissant.

En face de Lisa, Susan était assise, les yeux élargis, silencieuse, ne voulant pas traduire en mots ni même en idées ce qui se déroulait devant elle.

Mark et Christian avaient détaché les deux rouleaux de corde de leurs sacs à dos. Ils se parlaient doucement en allemand. Mark tenait une corde jaune. Il l'attacha à l'épaisse barre métallique qui courait à mi-hauteur de la vitre, en face de la porte. Puis il fit une double boucle, près du bout attaché à la barre.

Susan tourna alors ses yeux remplis d'inquiétude vers Christian. Il était en train de rouler soigneusement une corde rouge, s'assurant qu'il n'y avait pas de nœud et qu'elle n'était pas emmêlée. Le cœur de Susan battait si fort qu'elle avait l'impression que tout le monde pouvait l'entendre. Elle était hypnotisée par les cordes, comme un lapin terrifié devant les ondulations d'un serpent. Il fallait qu'elle leur parle.

— Mark, je suis sûre que nous devrions rester où nous sommes, dit-elle.

Mark releva la tête.

— Nous ne pouvons pas rester ici.

— Bien sûr que si. (Susan luttait pour garder un ton raisonnable.) On va sans aucun doute chercher à nous secourir. Et on trouvera un moyen de nous tirer de là. (Elle eut un éclair d'inspiration.) En hélicoptère !

Mark continuait à serrer les nœuds.

— Avec ce câble au-dessus de nous ? dit-il. Comment un hélicoptère pourrait-il s'approcher suffisamment ?

Susan n'était pas en état de se montrer logique.

— Nous devons rester ici, répéta-t-elle d'un ton de défi.
— Nous ne sommes pas en sécurité, fit remarquer Mark calmement.
— Est-ce plus sûr de descendre ?

La voix de Susan s'éleva d'un ton malgré tous ses efforts pour se contrôler. Ils plongèrent tous leurs regards vers le bas, à travers les nuages qui défilaient.

Rien, rien, pensa désespérément Susan, ne la forcerait à abandonner la sécurité de la petite cabine pour descendre, par une corde, jusqu'à cette étendue de neige. Les idées se bousculaient dans sa tête — parce que c'était ça que les garçons avaient décidé de faire. Ça ne pouvait pas être autre chose ; sinon, à quoi bon les cordes ? Elle ne descendrait pas. Ils pouvaient le faire s'ils le voulaient, mais elle ne descendrait certainement pas.

La voix tranquille de Mark interrompit ses pensées en déroute.
— Susan, rien de ce que nous pouvons faire n'est sans danger. Le temps se gâte. Je crois que le vent et la tension vont faire casser complètement le câ-

ble, alors nous tomberons et nous nous tuerons tous. Il faut descendre.

Puis Mark se tourna vers Christian et lui tendit l'extrémité de la corde jaune.

— Christian descendra le premier.

Susan ressentit un éclair de sympathie lorsqu'elle aperçut une brève lueur de frayeur dans les yeux de Christian. Non, les garçons n'étaient pas des supermen, ils avaient peur, eux aussi.

Christian prit le bout de la corde.

— Moi ? dit-il simplement.

Puis il se mit debout et fit un double nœud de chaise autour de sa taille.

Sachant qu'il avait peur, Susan l'observa avec un respect grandissant pendant qu'il vérifiait chaque nœud et desserrait les tours de la corde autour de ses cuisses pour être plus à l'aise et mieux répartir son poids.

Susan et Lisa demeurèrent silencieuses pendant que Mark coinçait ses pieds contre l'autre paroi de la cabine, passait la corde jaune dans son dos et l'attrapait fermement.

— Okay, dit-il.

Sans un mot, Christian baissa la vitre de la porte, et par l'ouverture tira le loquet qui la fermait. Puis, il repoussa complètement le battant contre la paroi extérieure de la cabine.

Lisa retint son souffle, tandis que le vent rugissait soudain plus fort et qu'une bouffée d'air glacé pénétrait dans l'habitacle. Avec la disparition de leur quatrième mur, il leur sembla qu'ils étaient cent fois plus exposés et vulnérables.

Mark assura le poids de Christian sur la corde pendant que ce dernier essayait d'atteindre, par la porte ouverte, le support d'acier sous la cabine. Il attacha alors l'autre extrémité de la corde rouge autour d'une grosse barre. Puis, prenant de sa main libre le reste de la corde soigneusement enroulée, il la lança dans le vide.

Il leur sembla qu'elle ne s'arrêterait jamais. Les boucles se déroulèrent les unes après les autres en une ligne rouge dans le vide. Lorsque les dernières touchèrent la neige, la corde glissa le long de la pente raide.

Christian émit un grognement satisfait.

— Cinquante mètres, dit-il. Juste assez de corde.

Il accrocha un mousqueton entre sa

ceinture de corde et la corde rouge et fut prêt à partir. Il se mit en position.

— Corde tendue, dit-il à Mark.

Il fit un petit salut à Lisa.

— Au revoir, l'Anglaise.

Un « bon courage » étouffé sortit de la bouche de Lisa.

Puis il disparut.

Pendant un moment, ils ne le virent plus. Il était suspendu directement en dessous de la cabine et c'était seulement au crissement de la corde derrière le dos de Mark, qu'ils pouvaient juger de sa progression.

Christian leva les yeux vers la cabine qui devenait de plus en plus petite à mesure qu'il descendait. Il n'était pas très satisfait de pendre comme un sac de pommes de terre dans le vide, il aurait préféré assurer lui-même sa propre descente, laissant la corde filer librement entre ses mains gantées. Mais sachant que les filles ne pourraient pas descendre autrement, Mark et lui avaient décidé que ce serait une bonne idée si Christian leur montrait d'abord comment faire.

Il regarda vers le bas. La pente cou-

verte de neige était raide. Pourquoi les gens pensaient-ils que les champs de neige étaient plats, se demanda-t-il. Rien, en montagne, n'est jamais plat. Il est difficile de trouver quelques mètres carrés de sol plat pour dresser une petite tente et, le plus souvent, on glisse toute la nuit d'un côté à l'autre.

En s'approchant du sol, il vit à quel point la pente était forte. Puis il fut dessus. Ses chaussures de montagne touchèrent le sol et patinèrent. La moitié de son poids reposait sur ses pieds et l'autre moitié était supportée par la corde. Il cria à Mark de lui donner du mou, agita les jambes et remua comme un beau diable pour trouver un point d'appui sur la surface glacée.

La tête de Lisa sortit de la cabine.

— Ça y est ! Il est en bas, cria-t-elle.

Susan ouvrit les yeux : c'était une bonne nouvelle. Mais à présent, son tour approchait et elle savait qu'elle ne pourrait jamais faire ce que venait de faire Christian.

Un cri lointain monta jusqu'à eux.

— Okay ! Envoie les sacs à dos !

Mark commença à remonter la corde jaune.

John Hamilton regarda la benne du téléphérique qui descendait rapidement au-dessus des sapins vert foncé. Il s'avança jusqu'au quai d'arrivée et s'installa tout près de la barrière où il verrait les passagers débarquer. Envolé son air détendu et désinvolte. A présent, il avait les yeux en alerte. La benne s'immobilisa et, lorsque la porte s'ouvrit, il observa d'un œil rapide les personnes qui en sortaient. Les filles n'étaient pas là. Il consulta sa montre. Même en tenant compte des photos et du temps passé à admirer la vue, elles auraient dû déjà être descendues.

Tandis que les derniers passagers s'éloignaient, John alla se renseigner auprès du préposé. Juste à ce moment-là, le téléphone sonna dans le bureau. L'homme de service souleva le combiné et écouta. John attendit impatiemment pendant qu'il conversait en français. Puis, quelque part à l'intérieur de la station, une sonnerie retentit avec insistance. John était vraiment inquiet, maintenant.

— Quelque chose est arrivé ? demanda-t-il tandis que l'employé se précipitait hors du bureau.
— Rien d'important, dit celui-ci d'une voix rassurante. Un simple petit acci... (il se corrigea immédiatement) un simple petit incident.
John fonça sur le mot qu'il avait laissé échapper.
— Un accident ? Vous voulez dire un *accident* ? Qu'est-ce qui est arrivé là-haut ? Je veux le savoir.
L'homme haussa les épaules.
— M'sieu, je ne peux rien vous dire.
— Pour l'amour du ciel, éclata John, mes deux filles sont là-haut. Je veux savoir ce qui s'est passé !
L'homme jeta à John un regard plein de sympathie.
— Je suis désolé, dit-il doucement, tout ce que je sais, c'est que l'une des cabines s'est décrochée du câble porteur et que le câble de traction est détérioré, de sorte qu'on ne peut pas ramener la cabine jusqu'ici.
— Y a-t-il des blessés ?
— Nous ne savons pas encore.
— Mais que vont devenir ceux qui sont dans la cabine ?

L'esprit de John fonctionnait à toute allure, avide d'informations, essayant de visualiser la situation, là-haut dans les montagnes.

— Il faudra qu'ils y restent jusqu'à ce qu'on trouve un moyen de les remorquer. Il est heureux que cela se soit produit pendant le dernier voyage de la journée, il n'y avait pas beaucoup de passagers.

L'homme détourna les yeux, mal à l'aise.

— Vous avez dit que vos deux filles étaient là-haut, m'sieu... Le contrôleur se souvient d'avoir vu deux jeunes filles monter dans la dernière cabine. Deux filles et deux garçons. Les filles portaient des anoraks jaunes.

— Ce sont mes filles ! (La voix de John était désespérée.) Il faut que je monte là-haut !

— Pas ce soir, m'sieu. (L'homme accrocha une chaîne en travers de l'entrée.) Peut-être demain matin.

— Non, pas demain matin, cria John. MAINTENANT !

— C'est impossssible, la ligne est fermée.

— Est-ce qu'on peut monter par le côté

italien ? demanda rapidement John. Depuis La Palud ?

— Ça, je n'en sais rien, je suis désolé, m'sieu.

Et il tourna les talons pour s'éloigner en direction de la sonnerie.

— Ça vaut la peine d'essayer, marmonna John, en se hâtant de regagner sa voiture.

Lisa, sur le seuil de la cabine, regarda en bas. Christian avait l'air d'un petit bâton noir sur l'étendue neigeuse. A quelques mètres derrière lui étaient posés les sacs à dos. A présent, c'était son tour.

Mark avait fait deux boucles pour les jambes de Lisa, de sorte qu'elle serait presque assise sur la corde. Puis la corde s'enroulait autour de sa poitrine et il y avait une autre boucle au niveau de son visage pour qu'elle puisse se tenir. Secrètement, Lisa s'était réjouie de descendre par la corde, mais à présent qu'elle était dans l'encadrement de l'ouverture, avec quelque cinquante mètres de vide sous elle, elle n'était plus si rassurée. Elle avait la bouche

sèche et son cœur battait à tout rompre.
— Tourne-toi, dit Mark.
— Quoi ?
— Tourne-toi, répéta Mark, gentiment. Et tiens-toi de chaque côté de la porte.

Pouce par pouce, Lisa se retourna pour être dos à l'ouverture. Elle voyait Susan toute recroquevillée, l'air désespéré, et Mark arc-bouté en travers de la cabine, prêt à l'assurer.

— Vas-y, je te tiens, dit-il.

Lisa jeta un coup d'œil par-dessus son épaule.

— Ne regarde pas en bas ! ordonna Mark d'un ton bref. Laisse-toi aller en arrière, je te tiens.

C'était facile de dire ça, avec tout ce vide derrière soi, pensa Lisa. Derrière et au-dessous.

— Je te tiens, répéta Mark. Lâche tes mains et appuie-toi sur la corde.

Lentement, Lisa fit ce qu'on lui disait et, en le faisant, elle se rendit compte que c'était la chose la plus difficile qu'elle ait jamais accomplie dans sa vie. L'instinct lui disait de s'accrocher aux bords de l'ouverture de la cabine, mais Mark et sa propre volonté lui ordonnaient de lâcher. Elle sentit la corde se tendre contre sa poitrine lorsqu'elle se laissa aller en arrière. Elle lâcha une main et se mit à tourner. Elle lâcha l'autre et, au milieu de sa peur, une bouffée de satisfaction l'envahit quand elle réalisa qu'elle était uniquement soutenue par la traction de la corde.

— Bravo ! dit Mark. Maintenant, il faut que tu passes en dessous de la cabine pour que je puisse te descendre. Plie les genoux et attrape la barre avec ta main droite.

Lisa fit ce que Mark lui disait, et bientôt sa main trouva à tâtons la barre qui courait juste à la base de la cabine.

— Je l'ai ! cria-t-elle.

— A présent, l'autre main, dit Mark.

Lisa saisit la barre de son autre main et, ce faisant, ses pieds quittèrent l'encadrement de la cabine et elle se retrouva dans le vide. Elle sentait que Mark retenait tout son poids, aussi lorsqu'il cria « laisse aller », elle obéit aussitôt. Immédiatement, elle se sentit suspendue librement et confortablement dans son harnais de corde. Elle regarda, entre ses pieds qui pendaient, Christian en dessous d'elle. Elle sentait un léger glissement, puis un arrêt, un glissement, puis un arrêt, tandis que Mark laissait filer la corde peu à peu. Elle se cramponnait au nœud devant sa figure. C'était effrayant, d'accord, mais la sortie de la cabine avait été le pire. Le reste était plutôt amusant.

# Chapitre 6

Un hélicoptère décolla bruyamment de la vallée d'Aoste et se dirigea vers le mont Blanc. Le pilote avait le visage sévère. Un épais banc de nuages était en train de se former devant ses yeux, il n'aimait pas ça du tout.

Il était fatigué, aussi. Pietro pilotait son hélicoptère depuis les premières lueurs de l'aube, pour transporter des sections d'un nouveau mât de transmission destiné à la télévision suisse sur un pic éloigné. C'était un travail délicat, qui demandait le plus grand soin et la plus grande précision. Il venait de rentrer à sa base et se réjouissait de passer une soirée tranquille à la maison, lorsque l'appel d'urgence était arrivé du Helbronner. Il avait donc fait le plein d'essence et était reparti.

Comme son œil expérimenté appréciait le ciel tumultueux, sa radio crachota la nouvelle d'un orage imminent. Ses chances n'étaient pas grandes, mais quand il s'agissait de vies humaines, il fallait essayer.

John Hamilton fit virer sa voiture dans les tournants en épingles à cheveux qui montaient à la station de téléphérique de La Palud. Il freina brutalement devant le guichet des billets. Il vit aussitôt que les volets d'acier étaient baissés. Mais il frappa quand même dessus avant de s'avancer jusqu'à la porte, elle aussi fermée, et sur laquelle il tambourina. Puis il aperçut la sonnette et appuya sur le bouton. Il refrappa à la porte. Rien. L'endroit était désert, mort. Il fit le tour pour aller regarder sur les quais de départ, béants. Il n'y avait pas de lumière, pas un signe de vie. Une cabine était à quai, silencieuse et vide.

John tourna les talons et scruta les montagnes. Des pics déchiquetés se dressaient au loin, du côté du glacier Brenva. Ils touchaient les nuages et se profilaient dramatiquement dans le brouillard, en de fugitifs aperçus de rocs et de neige sur le ciel bas.

Il entendit le bruit d'un hélicoptère au-dessus de sa tête mais ne le vit pas. Si seulement il pouvait lui faire signe. Si seulement il pouvait crier au pilote de le prendre. Il serait là-haut en quelques minutes. John soupira et contempla les pentes herbeuses et escarpées contre lesquelles la station était adossée. Il faudrait qu'il grimpe seul. Il n'y avait pas d'autre moyen. Il devait bien exister une piste dans la montagne, quelque part.

Lisa s'assit sur un des sacs à dos, dans la neige, et entoura ses genoux de ses bras. Elle ne savait pas si elle tremblait encore d'excitation ou de froid, mais elle se rappelait la fierté et le plaisir qu'elle avait ressentis lorsque Christian l'avait attrapée à l'arrivée.

— Bravo, l'Anglaise ! avait-il dit en riant. Nous ferons une montagnarde de toi.

Et elle l'avait serré dans ses bras, en

admettant qu'elle n'avait jamais eu si peur de sa vie. Elle était contente que cela soit terminé mais elle le referait s'il le fallait. A présent, c'était le tour de Susan. Pauvre Susan ! Lisa se tordit le cou et ferma les yeux à demi contre le vent mordant pour essayer de voir ce qui se passait là-haut.

En l'air, au milieu des nuages tourbillonnants, la cabine se balançait et tournoyait dans le vent. Susan se tenait dans l'encadrement de la porte, la tête baissée. Mark était en train d'élargir les boucles pour lui permettre d'y enfiler ses jambes, plus fortes que celles de Lisa.

— Vas-y.

Susan obéit sans discuter, levant une jambe puis l'autre. Mark remonta les boucles le long de ses cuisses. Il lui jeta un coup d'œil tandis qu'il enroulait la corde sous ses bras et la nouait devant elle. Il se demandait ce qu'il allait bien pouvoir lui dire pour la persuader de lâcher les montants et se laisser aller dans le vide.

— Je n'irai pas, dit-elle.

Mark ne répondit rien et continua de

l'harnacher et de vérifier les nœuds.

— Je ne peux pas !

Susan le regarda avec des yeux suppliants. Mark se racla la gorge.

— Susan, il le faut.

— Vas-y sans moi, supplia-t-elle. Moi, je reste ici. Je suis sûre qu'ils vont venir nous chercher. Ils ne nous laisseront pas ici.

Mark ne dit rien et fit la boucle où elle devait s'accrocher.

— Je ne peux pas descendre !

Mark la dévisagea d'un air pensif.

— Je ne peux pas ! Vraiment, je ne peux pas !

Mark passa la corde derrière son dos et prit sa position, arc-bouté contre les parois de la cabine.

— Allez ! Maintenant, Susan, dit-il.

— JE NE PEUX PAS ! cria-t-elle. Tu ne comprends donc pas !

— Il le faut, dit-il simplement.

Susan sanglotait, de gros sanglots rauques qui lui déchiraient la poitrine et la secouaient tout entière. Mark la contempla, ne sachant que faire et profondément désolé.

Au bout d'un moment, Susan s'arrêta. Elle leva son visage barbouillé de larmes vers Mark et il crut qu'il avait gagné.

— Allez, on y va, dit-il.

— Écoute !

Susan souleva son bonnet en laine d'une de ses oreilles.

Pietro enfonça le nez de son appareil dans une trouée de nuages, où il avait aperçu de la neige. Il savait qu'il prenait de grands risques avec une visibilité nulle, parmi ces pics géants, mais peut-être que s'il pouvait descendre juste en dessous des nuages, ne serait-ce qu'un instant, il verrait ce qui était arrivé au câble. Il descendit.

Susan tourna son visage angoissé vers Mark.

— Un hélicoptère ! dit-elle. Je savais qu'on viendrait nous chercher. Tu l'entends ?

Mark hocha la tête, écoutant intensément. Le ronronnement caractéristique d'un hélicoptère lui parvenait par vagues, fortes, puis faibles, puis à nouveau fortes. Si seulement le vent s'arrêtait de gémir et le câble de grincer !

En bas, sur la neige, Lisa bondit sur

ses pieds et se mit à agiter follement les bras en l'air.

— Nous sommes ici ! hurla-t-elle. Ici, en bas !

Aussi soudainement que la trouée s'était produite, elle s'effaça sous un autre banc de nuages. Pietro tira sur le manche et l'hélicoptère se mit à grimper verticalement. C'était de la folie et il le savait. Il prit son micro :

— Attilio, je suis dans la vallée Blanche mais les nuages sont trop bas. Je n'y vois rien.

Dans la salle de contrôle à l'Helbronner, Attilio se pencha sur son micro.

— Merci, Pietro. Merci d'avoir essayé. Rentre à la base, avant qu'il ne t'arrive des ennuis là-haut.

— Je ne rentre pas à la base, répondit Pietro. Allume tout, à l'Helbronner, j'arrive.

— Tu es fou ! s'exclama Attilio. La visibilité est nulle, ici.

— C'est pour ça que je te dis d'allumer tout. (Pietro sourit.) Tu n'as pas envie d'un peu de compagnie ? Ça va être une longue nuit.

Attilio marmonna pour lui-même que tous les pilotes étaient fous, et il se précipita pour allumer les projecteurs.

Sur la neige, Lisa tendait l'oreille, cherchant le ronronnement si amical. Rien.

Haut au-dessus de sa tête, le vent s'engouffrait dans la cabine, la faisant balancer de plus belle.

— Il est parti, n'est-ce pas ? demanda Susan.

Mark hocha la tête. Ils regardèrent en l'air tous les deux lorsque le câble émit un gémissement torturé.

— Je vais y aller, dit Susan.

Mark lui parla doucement, comme il avait fait avec Lisa, lui expliquant exactement ce qu'il fallait faire, et Susan lui obéit aveuglément. Elle ne se plaignit pas. Elle comprimait sa peur en elle et poussa seulement un petit cri lorsque son genou glissa finalement de la barre et qu'elle se retrouva suspendue dans le vide.

Quand Mark ordonna : « Lâche tout », elle lâcha tout et, agrippée des deux mains à la boucle devant ses yeux, elle se sentit descendre doucement en oscillant. Elle gardait les yeux fermés mais elle savait que Christian tenait l'autre extrémité de la corde bien tendue, guidant sa descente et l'empêchant de tournoyer sur elle-même. De plus en plus bas, elle traversa le vent et les traînées de nuages.

Mark doit commencer à être fatigué, pensa-t-elle. Il les avait descendus tous les trois et il fallait qu'il descende lui aussi. Comment allait-il faire ? Et tandis que les pensées traversaient son esprit sans arrêt, elle réalisa soudain deux choses. D'abord qu'elle n'avait plus peur, et puis qu'elle avait bloqué sa respiration. Elle expulsa l'air de ses poumons dans un grand « Ouh ! ».

L'instant d'après, Christian l'attrapait et la soutenait alors qu'elle prenait pied sur la neige.

Mark ne perdit pas de temps une fois que Susan fut en bas. Il dénoua rapidement le bout de la corde jaune de la barre où il s'était lui-même amarré. Il sortit de la boucle qui lui enserrait la taille, ne voulant pas défaire le nœud, et après un rapide « Attention ! », il laissa tomber la corde jaune par l'ouverture.

Le vent augmentait de minute en minute, balançant sauvagement la cabine. Le câble gémissait continuellement et, par-dessus le gémissement, un son vibrant et aigu se faisait parfois entendre. Mark attacha le mousqueton à la corde rouge et fit glisser celle-ci sur son épaule. Le câble crissa son avertissement sinistre. Mark se présenta dos à l'ouverture, cria vite : « Je descends ! » et, s'écartant de l'ouverture, fila le long de la corde dans un mouvement rapide mais contrôlé.

Christian observait sa progression. Au-dessus de la silhouette de Mark, la cabine bougeait de plus en plus.

— Ça va ? cria-t-il, anxieux.

— Ça va ! lui parvint la réponse.

Les filles étaient assises l'une contre l'autre sur les sacs à dos, le cœur battant. Soudain, il y eut un bruit sourd. La cabine descendit d'un cran.

— Attention ! hurla Mark.

La cabine descendit encore. S'arrêta brutalement. Le câble grinça. La cabine plongea.

La secousse arracha la corde des

mains de Mark. Les filles, les yeux écarquillés d'horreur, le virent tomber. Christian essaya de « réceptionner » son frère, mais Mark fit la culbute et glissa sur la neige verglacée, emmêlé dans la corde rouge. Christian dévala la pente derrière lui à grandes enjambées.

Mark gisait, face contre neige. La corde qui pendait d'en haut et l'entortillait remuait doucement dans le vent. La cabine était toujours en l'air, oscillant silencieusement.

Christian débarrassa la forme immobile de la corde qui l'entourait. Il retourna Mark avec précaution.

Susan et Lisa se débattirent dans la neige pour les rejoindre. Ils contemplèrent le visage sans vie de Mark. Tous les trois se demandaient : « Est-ce qu'il est mort ? », mais personne n'osait poser la question.

Christian prit Mark sous les bras et essaya de le traîner sur le dos.

— Il ne faut pas le bouger, intervint vivement Susan.

Christian indiqua d'un signe de tête la cabine :

— Elle peut tomber sur lui.

Et il continua à tirer le corps de Mark.

— Il ne faut pas le bouger !

La voix de Susan était cassante. Christian la considéra, surpris. Il s'arrêta.

Susan mit sa main sous l'anorak de Mark.

— Il n'est pas mort, dit-elle.

Elle lui palpa les bras. Christian et Lisa la regardaient faire. Puis elle promena prudemment ses mains le long des jambes de Mark. Elle fit la grimace lorsqu'elle sentit la bosse d'un os cassé qui tendait l'épaisse chaussette de laine.

— Il a une jambe cassée, dit-elle. (Elle palpa l'autre jambe.) Peut-être les deux.

Christian ouvrit des yeux terrifiés.

— Que faut-il faire ?

— Tu as une trousse de secours ?

— Oui, dans mon sac.

Christian était déjà parti la chercher.

Susan scrutait le visage de Mark. C'était lui qui avait eu raison. S'ils étaient tous restés dans la cabine, leurs poids combinés l'auraient certainement envoyée s'éclater sur le sol et Mark ne serait pas le seul à être étendu, immobile sur la neige. Susan se faisait d'amers reproches. Si elle n'avait pas fait tant d'histoires, Mark aurait certainement eu le temps d'arriver avant que la cabine ne tombe plus bas. « Bon, inutile de penser à ça maintenant », se dit Susan. Mais elle savait que Mark leur avait sauvé la vie et, à présent, c'était à eux de sauver la sienne.

Christian lui tendit la trousse de secours.

— Est-ce qu'il y a des calmants là-dedans ? demanda Susan.

— Seulement de l'aspirine.

Christian se sentait soudain totalement inefficace.

— Il aura besoin de quelque chose de plus fort que l'aspirine, dit Susan. Et il nous faut une civière — et des attelles.

— Qu'est-ce qu'on pourrait prendre ? interrogea Christian.

— Un piolet.

— Je vais le chercher, dit Christian.

Susan trouva une large bande dans la trousse. Serait-elle assez longue ?

Lisa, à côté, sautait d'un pied sur l'autre pour se réchauffer.

— Qu'est-ce que je peux faire ? demanda-t-elle.

— Viens prendre des vêtements chauds, dit Christian.

Ils retournèrent ensemble vers les sacs à dos. Christian retira du sien un paquet rebondi qu'il secoua, dépliant un duvet marron. Laissant Lisa farfouiller pour trouver des vêtements, il se dépêcha de revenir vers Susan et Mark.

Susan avait placé la tête du piolet sous les semelles de Mark, le manche remontant entre ses jambes parallèlement, jusqu'au-dessus des genoux. A présent, elle maintenait le tout à l'aide d'une bande.

Christian déposa le sac de couchage ouvert sur la neige, à côté de Mark. Dès que Susan eut terminé son bandage, il dit :

— Prends-lui les jambes, je vais le soulever par les épaules.

— On ne devrait pas le bouger, insista Susan.

— Il faut qu'il soit au chaud.

Christian saisit son frère sous les bras.

— Je suis sûre que nous ne devrions pas...

— Susan ! l'interrompit Christian. Tu

sais combien il fait ? (Sa voix monta d'un ton.) A l'intérieur, à l'Helbronner, il y avait moins douze. Ici, dehors, il doit bien faire dix degrés de moins. Et avec le vent glacé, il va bientôt y avoir encore douze degrés de moins. (Christian criait, maintenant.) Ce qui veut dire, moins trente-deux, Susan ! Et Mark est inconscient ! Combien de temps crois-tu qu'il pourra survivre dans ce froid ?

Susan vit la fatigue et l'inquiétude qui creusaient le visage de Christian, elle perçut la panique dans sa voix, mais elle ne dit rien. Elle souleva les jambes de Mark et, ensemble, ils déposèrent doucement le blessé sur le sac de couchage. Ils remontèrent la fermeture à glissière et tirèrent sur le cordon de la capuche pour qu'elle lui entoure bien le visage.

# Chapitre 7

Le blizzard était sur eux, soufflant sur la croûte gelée de la poudre de neige, en nuages si denses qu'il était impossible de discerner ce qui était solide de ce qui ne l'était pas. Susan s'était souvent demandé ce qu'était un blizzard ; maintenant, elle savait.

Lisa, le dos tourné au vent, avait enroulé son écharpe autour de sa figure et enfoncé son bonnet de laine jusqu'aux oreilles, le tout protégé par la capuche de son anorak jaune. Elle frissonnait et tapait du pied, en souhaitant que Christian se dépêche afin qu'ils puissent enfin se mettre en route.

Christian était agenouillé à côté de

son frère enveloppé dans le sac de couchage. Il était en train de confectionner une sorte de harnais pour pouvoir le tirer sur la neige. Il fallait que sa tête soit en avant, qu'il descende bien droit et pas trop vite. Un moment plus tôt, Christian avait enlevé ses gants pour mieux serrer les nœuds et, déjà, ses doigts devenaient insensibles. Il mit ses mains sous ses aisselles afin de les réchauffer et leva la tête pour voir où en était la tempête. La douleur lui coupa le souffle, des milliers d'aiguilles glacées lui piquèrent les yeux et les lèvres, et il baissa vite la tête. Il s'affaira, toujours à genoux, à passer un dernier tour de corde autour de Mark, et l'attacha sur la poitrine de son frère en un nœud si grossier qu'il lui aurait fait honte en temps ordinaire.

Il se mit debout avec des gestes raides et fit signe à Susan et Lisa de s'approcher. Inutile de crier dans ce rugissement incessant. Il enroula l'autre extrémité de la corde, qu'il tendit à Susan. Puis, attirant la tête des filles près de lui, il dit :

— Vous deux, tenez ce bout-là.

Susan prit le rouleau de corde, y

enfila la tête et un bras pour le porter en bandoulière. Mais elle ne put s'empêcher d'émettre une dernière protestation.

— Je suis sûre que nous devrions rester où nous sommes, dit-elle. Je suis sûre qu'on ne doit pas bouger un blessé.

Cependant, tout en parlant, elle savait que ses protestations étaient vaines.

— Moi, je vais tirer par-devant, fut tout ce que Christian répondit. Vous deux, gardez la corde bien tendue pour l'empêcher de tourner.

— De quel côté allons-nous ? demanda Susan. On continue ou on retourne ?

— On retourne à l'Helbronner. C'est plus près.

Il se mit en marche, la corde passée par-dessus son épaule. A sa grande surprise, Susan découvrit qu'elle pouvait être aussi têtue que Christian. Elle cria dans sa direction :

— On nous trouvera plus facilement si nous restons où nous sommes. On saura où chercher.

Sa voix fut emportée par le vent et Susan ne sut même pas s'il avait entendu. Puis Mark, emmailloté comme une momie, se mit à bouger. Lisa s'accrocha à la corde de Susan et, épaule contre épaule, elles avancèrent péniblement.

Heureusement, ils se dirigeaient vers le sud et, comme le blizzard venait du nord-est, ils avaient le vent et la neige dans le dos. Heureusement aussi, le vaste champ de neige avait été balayé de toute neige molle et, sur la surface glacée, il était aussi facile de tirer Mark que sur une patinoire — bien qu'elle ne fût pas aussi lisse que celle d'une patinoire. Le vent avait sculpté la neige en plaques de croûte dure qui se chevauchaient, telles les tuiles d'un toit.

Lorsque le vent soufflait au plus fort et que les tourbillons de neige étaient spécialement denses, les filles perdaient complètement Christian de vue. Elles savaient seulement qu'il était là, à la tension de la corde.

Ce n'était pas facile de garder au cocon marron une vitesse régulière. A chaque petite inclinaison, le corps de Mark glissait et tournait, et il fallait que les filles plantent de tout leur poids

leurs talons dans la neige pour le retenir.

Lisa était contente de remuer. Au moins, ils faisaient quelque chose. C'était aussi la seule façon de ne pas avoir trop froid. Elle avait plus de chance que Susan, parce qu'elle était plus légère et que son poids n'était pas suffisant pour briser la croûte lissée par le vent, alors que les chaussures de Susan, rompant la croûte, s'enfonçaient dans la neige molle en dessous. Susan comprit vite qu'il était plus facile, quand c'était possible, de marcher dans les empreintes profondes laissées par Christian.

Devant, Christian progressait avec détermination. Il consultait fréquemment sa boussole. Il comptait ses pas — d'abord par dizaines, puis par centaines. Il se demandait comment les filles se débrouillaient. Lorsqu'il arriverait à cinq cents, il donnerait l'ordre d'une brève halte.

John Hamilton déposa sur une pierre plate le sac qu'il portait et se laissa tomber à côté, épuisé. Son cœur battait à tout rompre et ses poumons cherchaient désespérement à aspirer l'air raréfié. Cela faisait trois heures qu'il grimpait — vite et dur. Trop vite. Il savait qu'il ne pourrait pas soutenir ce rythme longtemps, mais il avait voulu avancer le plus possible tant qu'il faisait encore jour.

Il se trouvait à présent bien au-dessus du Pavillon et aussi de la ligne de neige. Il regarda vers le haut. La piste suivait plus ou moins la ligne des câbles, en faisant des zigzags là où la montagne était le plus raide. Loin au-dessus, il vit la première lumière briller dans le refuge du Torino.

Lorsqu'il eut repris un peu son souffle, il mangea un morceau de chocolat. A l'exception des battements sourds de son cœur, tout était silencieux autour de lui. Il n'y avait pas un souffle de vent. C'était curieux, parce que, au loin, il pouvait entendre comme un sifflement aigu, qui semblait accompagner les bancs de nuages masquant les crêtes. John regarda avec plus d'attention. Les grands sommets étaient cachés depuis longtemps mais les crêtes et les cols, plus bas, étaient dégagés. Était-ce des nuages, là aussi ?

Soudain, la peur l'étreignit. Non pour lui mais pour ses filles et ceux qui étaient là-haut. Ce n'était pas des nuages qui grossissaient et obscurcissaient les crêtes. C'était de la neige. De la neige fine, glacée, soufflée par un vent puissant. Des aiguilles blanches, aveuglantes, aiguës, qui tourbillonnaient en une tempête rugissante. Et bientôt, il allait faire nuit.

Christian avait fiché son piolet dans la neige et enroulé un tour de corde autour du manche. La pente qu'ils suivaient se terminait brusquement par un ravin. Il avait envoyé Lisa en avant et Susan et lui étaient en train de descendre prudemment Mark.

— Okay ! cria Lisa du fond.

Christian retira le piolet et toucha l'épaule de Susan.

— A toi, maintenant.

Susan se mit à descendre, glissa de tout son long, réussit à s'arrêter puis glissa encore.

— Ça va, dit-elle. Je n'ai rien.

Elle atterrit en tas aux pieds de Lisa.

Christian les rejoignit peu après avec Mark sans trop de difficulté.

— Ça va, vous deux ?

— Oui, très bien, dit Susan.

Lisa ne répondit rien. Elle était en train d'examiner un grand mur de rochers gris qui se dressait devant eux. Elle se retourna vers les autres.

— On ne pourra jamais grimper là-haut, dit-elle.

Susan leva les yeux et son cœur se serra. C'était impossible.

— Nous allons le contourner, déclara Christian, qui venait de vérifier le harnais de Mark.

Susan en avait assez. Elle savait qu'elle ne devait pas contrer Christian ni même discuter avec lui : il était tellement inquiet pour son frère qu'il était au-delà de toute argumentation raisonnable. Elle allait simplement exposer les faits. Son visage était si froid et ses joues si engourdies que sa voix résonnait, épaisse et indistincte, même à ses propres oreilles.

— Christian, dit-elle, il faut m'écouter. Nous ne faisons pas ce qui est le mieux pour Mark.

Christian la regarda d'un air furieux.

— J'essaie, en tout cas, Susan.

Susan tressaillit sous le reproche contenu dans la voix de Christian, mais cette fois, il fallait qu'elle gagne. Elle expliqua, très lentement :

— Il serait préférable pour Mark que nous installions la tente ici. L'un d'entre nous peut rester avec lui pendant que les deux autres iront chercher du secours.

Lisa considéra Susan, puis Christian, puis Susan. Elle aurait voulu qu'ils ne se disputent pas et surtout, elle aurait voulu savoir lequel des deux avait raison.

Christian régla la question. Au grand soulagement de Susan, il dit :

— Tu as raison. Bien sûr, c'est ce qu'il faut faire. Nous allons monter la tente.

Cela semblait si simple de dire « nous allons monter la tente ». Seul celui qui a déjà essayé de dresser une tente légère par grand vent peut comprendre les ennuis qu'ils eurent à affronter durant la demi-heure suivante. Aux difficultés normales que posait le nylon gonflé par les bourrasques et les tendeurs qui s'envolaient en tous sens, s'ajoutaient l'attaque constante des aiguilles glacées soufflées par un blizzard d'une force redoutable, une température de trente degrés en dessous de zéro, les doigts gelés, pas de sol ferme pour enfoncer les piquets, seulement de la neige sans fond — et vous aurez alors une idée de ce qu'ils essayaient de faire.

Encore heureux que les garçons aient eu une bonne tente, faite pour la montagne. Pendant que les deux autres tentaient de glisser les montants en forme de A dans leur manchon, Lisa s'étendit, bras et jambes écartées, sur le nylon ballonné pour l'empêcher de jouer les parachutes. Comment allaient-ils faire tenir les piquets, se demanda-t-elle, déjà soulagée qu'il ne s'agisse pas de leur tente. Elle n'aurait pas tenu trente secondes, dans cet ouragan.

Une fois que les montants furent en place et les feuilles d'aluminium fixées sur le tapis de sol, Lisa fut chargée de tendre les cordons avant pendant que Christian et Susan tentaient de redresser la tente. Ils réussirent à mettre les montants verticaux, bras et jambes écartés à chaque extrémité de la tente, mais ils n'avaient plus de mains libres pour contrôler le nylon qui claquait et grondait. Il battait autour de leurs têtes si violemment qu'ils eurent peur qu'il ne se déchire et le plaquèrent rapidement sur le sol.

Christian imagina un nouveau plan. Lisa reprit sa position allongée sur la toile de nylon ; Christian et Susan, à l'aide de leurs chaussures et du piolet, creusèrent une tranchée tout autour, à l'endroit où les côtés de la tente toucheraient la neige. La tente possédait des pans cousus le long du fond et c'est cette partie qu'ils enterrèrent et recouvrirent de gros blocs de neige qu'ils écrasèrent en les tassant. Cette fois, lorsqu'ils levèrent les montants à la verticale, le vent ne put s'engouffrer et Lisa, qui tenait fermement les cordons avant, put maintenir la tente droite. Et encore, dans le ravin, ils étaient relativement protégés. Sur le champ de neige exposé au vent, ils n'auraient pas eu la moindre chance.

Enfin, la tente fut dressée. C'était facile, à présent, d'en arranger l'intérieur. Facile aussi de placer le tapis isolant. Et difficile de tirer Mark. Ils parvinrent cependant, centimètre par centimètre, à l'introduire dans la tente, toujours inconscient mais, à présent, protégé du vent et, au moins partiellement, du froid.

Susan s'était assise, épuisée, à l'entrée de la tente, bien abritée du vent. Ils avaient discuté pour décider qui allait rester avec Mark. Lisa avait demandé à accompagner Christian, parce qu'elle avait peur de ne savoir que faire si Mark reprenait connaissance. Susan avait accepté de rester. Ils avaient partagé ce qu'ils avaient encore comme nourriture, s'étaient assurés que les deux groupes avaient chacun une bouteille Thermos d'eau et une lampe torche, et Christian lui avait laissé son sac de couchage.

A présent, Susan regardait Christian s'encorder à Lisa.

Il passa quelques tours de corde par-dessus la tête et l'épaule de Lisa, lui donna le reste à tenir à la main, puis se tourna vers Susan.

— Est-ce que tu as un sifflet ?

— Un sifflet, une boussole et une lampe torche. (Susan ouvrit la poche de son

sac.) Je sifflerai, ajouta-t-elle.
— Oui, dit Christian. Six coups toutes les minutes.

Susan savait que c'était le signal de détresse international dans les montagnes.
— Je ne crois pas que quelqu'un m'entendra, dit-elle, philosophe, mais ça me donnera quelque chose à faire.

Christian lui sourit. C'était une Susan bien différente de la fille apeurée qui s'accrochait à la barre de la cabine du téléphérique, il y avait maintenant — combien de temps ? — trois heures ? Quatre ? Pas plus ? Il lui semblait que toute une vie s'était écoulée depuis ce moment-là.

Il indiqua Mark de la tête.
— Veille bien sur lui.
— Nous nous débrouillerons, répondit Susan. Et toi, veille bien sur Lisa.

Christian eut un petit sourire.
— Je veillerai sur elle. Il faut qu'on traverse le glacier du Géant. (Il se tourna vers Lisa.) Prête ?
— Au revoir, Susan. Lisa semblait sur le point de fondre en larmes. Aussi Susan dit d'un ton vif :

— Dépêchez-vous, il va bientôt faire nuit.

Elle les vit s'éloigner le long du ravin et commencer à escalader le mur qui s'élevait au fond. Au-delà, il n'y avait rien, seulement un brouillard blanc qui était en train de virer au gris.

Susan porta le sifflet à ses lèvres glacées et souffla six longues fois. Comme le troisième coup se dispersait dans le vent, elle vit les deux silhouettes s'arrêter sur la pente blanche. La plus petite se retourna et agita le bras, puis la plus grande. Puis ils disparurent. Susan regarda Mark. Avec sa main gantée, elle écarta le bord du sac de couchage de sa bouche. Il avait une respiration faible, mais paisible.

Il était sous sa responsabilité, maintenant. Une minute s'était-elle écoulée ? Elle remit le sifflet à sa bouche et souffla six fois, le plus fort possible.

A cinquante mètres de là, on pouvait à peine entendre les coups de sifflet. A cent, rien du tout. Christian et Lisa étaient déjà dans un monde différent.

# Chapitre 8

La nuit tomba progressivement. Il n'y eut pas un moment où l'on aurait pu dire qu'il faisait encore jour et un autre où il faisait nuit. La lumière baissait sans bruit sur ce paysage gris et blanc, le gris devenant plus sombre et le blanc évoluant en nuances gris foncé.

Le vent incessant soufflait de nord-est, venu de Sibérie. Il ne restait plus de neige poudreuse sur toute la surface de la vallée Blanche. Chaque flocon, chaque particule de glace avaient été balayés par le vent têtu, laissant la croûte dure aussi propre qu'un squelette dans le désert.

Susan sortit faire une reconnaissance avant qu'il ne fasse complètement noir. Elle vérifia les cordons et tassa encore un peu plus la neige sur les côtés de la tente. Leur abri était aussi sûr qu'elle pouvait le rendre. Elle se battit les flancs avec ses bras, l'épaisseur des couches successives de chemises et de pulls rendant ses mouvements maladroits. Le nylon de son anorak était si froid qu'il craquait. Susan s'arrêta. Où avait-elle déjà entendu ce bruit ? Quand on froissait un journal pour allumer un feu — c'était ça ! Ce matin, alors qu'ils campaient dans la vallée. Était-ce vraiment ce matin ? Et cet étrange bruissement que la tente faisait lorsque la toile se gonflait — on aurait dit qu'on chiffonnait un mouchoir en papier. Dans l'esprit de Susan, apparut l'image bien nette de cadeaux qu'on enveloppait pour Noël, devant un feu. Elle frissonna et se pencha pour rentrer dans la tente sombre.

Comme il commençait à faire vraiment nuit, Lisa ne discernait qu'avec difficulté la silhouette de Christian devant elle. Elle savait qu'il était là parce que la corde qui l'attachait progressait régulièrement et qu'il y avait toujours une empreinte fraîche dans laquelle elle pouvait poser le pied. Quelquefois, la foulée de Christian était trop longue pour elle et elle avait mal aux jambes à force de faire de si grands pas. Alors, elle avançait à son propre rythme, à plus petits pas. Mais c'était aussi pénible parce que, la plupart du temps, même son poids léger brisait la glace et elle s'enfonçait jusqu'aux genoux dans la neige molle, en dessous. C'était alors une lutte épuisante pour sortir sa jambe, parce qu'elle devait s'appuyer plus fort sur l'autre jambe, qui s'enfonçait à son tour — si bien qu'elle perdait l'équilibre et tombait en avant.

Lisa se remit debout après une de ces luttes, fatiguée et furieuse, ayant l'impression d'être un mouton prisonnier d'un marécage. Un bruit sec, comme un coup de revolver, quelque part dans l'obscurité, la fit partir, courant et trébuchant, après Christian, le cœur battant, les yeux agrandis. Christian avait entendu aussi. Il s'arrêta.

— C'est la glace qui craque. (Il fit un signe de tête.) Dans une crevasse.

Il baissa les yeux sur la petite forme à côté de lui.

— Tu veux du chocolat, l'Anglaise ?

— Oui, merci, dit Lisa, se sentant brusquement faible et affamée. Est-ce qu'on ne pourrait pas s'asseoir un peu ?

— Oui, on va se reposer, dit Christian. (Il cassa une barre de chocolat.) Mais il ne faut pas t'asseoir dans la neige. Reste debout et remue.

Le chocolat était aussi dur qu'un caillou — trop dur pour le croquer, et Lisa dut le sucer un bon moment avant d'en sentir le goût.

Comme il faisait trop froid pour s'arrêter longtemps, ils repartirent. Lisa distingua la silhouette de Christian qui se découpait sur le fond lointain du paysage. Elle se dépêcha de lui emboîter le pas.

Quelque part dans le noir, la glace torturée fit entendre un autre « crac ! » retentissant. Lisa trébucha. Elle regarda autour d'elle avec crainte.

Christian fit halte et se retourna. Elle était là, sur ses talons, comme son ombre.

— Hé, dit-il, moqueur, ne t'approche pas tant de moi. Si je tombe dans une crevasse, je t'entraînerai avec moi. Compris ?

Lisa acquiesça d'un signe de tête, souhaitant qu'il ne dise pas des choses pareilles.

— Reste à distance. Il ne faut pas que la corde touche la neige. Tiens...

Christian fit un double nœud à la corde, près de la taille de Lisa, puis il passa le manche du piolet dans la boucle et serra bien fort.

— Regarde, si tu me vois glisser ou si je crie, plante le piolet dans la neige. Comme ça. (Et il enfonça profondément le manche du piolet.) D'accord ? Et accroche-toi bien.

Lisa opina et prit le piolet un peu à contrecœur. D'une certaine façon, cela mettait la responsabilité de leur sécurité sur ses épaules. Elle ne pouvait plus marcher simplement derrière Christian, comme un chiot en laisse. Elle avait le piolet et si Christian glissait, c'était à elle de stopper sa chute.

Elle ne dit rien, bien sûr, des idées qui tourbillonnaient dans sa tête et elle devait admettre que, mêlé à l'inquiétude de ses nouvelles responsabilités, il y avait aussi un sentiment de fierté : on attendait d'elle qu'elle contribue à leur sécurité.

— Okay, l'Anglaise ?

Elle hocha à nouveau la tête, plus fermement cette fois.

— Reste à dix mètres derrière moi, recommanda Christian. Et ne laisse pas la corde toucher la neige.

Christian s'orienta avec la boussole

et, la torche à la main, plongea dans l'obscurité. Lisa le suivit, tenant fermement le manche du piolet devant elle.

John Hamilton avait soigneusement étudié sa carte avant de commencer l'ascension de la montagne. Il avait vu la piste clairement marquée par une ligne rouge continue zigzaguant depuis la vallée, en passant par le Pavillon à mi-chemin, pour terminer à deux centimètres environ en dessous du refuge du Torino. Il avait suivi du doigt le chemin qu'il devait prendre. Et là, en dessous du Torino, les lignes serrées qui révélaient l'altitude faisaient place à des hachures grises et à des lignes noires qui indiquaient des rochers, des escarpements, des précipices. Puis la ligne se transformait en une ligne de points rouges qui montaient jusqu'à l'Helbronner.

Que voulaient dire ces points rouges ? John consulta la légende au bas de la carte. Les gros signifiaient « passages délicats », et les petits « passages sur glacier ». L'itinéraire qu'il devait emprunter était marqué de gros points rouges. Donc la piste allait devenir un « passage délicat » à travers des rocs déchiquetés et abrupts, sans aucun doute recouverts de neige et de glace. John replia la carte et vérifia que sa lampe torche fonctionnait. Il appréhendait cette partie du chemin.

Des heures plus tard, John poursuivait sa lente ascension à travers l'enchevêtrement sombre de rochers et de glace. Il était content d'avoir sa lampe torche, il appréciait ses bonnes chaussures de montagne, ses gants épais, ses vêtements chauds. Une exaltation farouche palpitait en lui à chaque battement de son cœur. Il n'ignorait pas que s'aventurer seul dans cette montagne et dans le noir était folie pure, mais c'était une folie enivrante. Et il réussirait. Il irait jusqu'en haut, pour savoir ce qui était arrivé à ses filles, pour les aider s'il le pouvait et, surtout, pour être avec elles.

Il fallut à John une longue heure pour monter, lors de cette dernière étape, jusqu'au refuge du Torino. Il fut cruellement tenté de faire un détour jusqu'au refuge. Il avait besoin de manger, de boire et d'obtenir des informations. Mais les lumières de l'Helbronner étaient clairement visibles au-dessus de lui, à présent, et c'était là qu'il voulait aller. Il tourna donc le dos au refuge et attaqua la pente qui grimpait jusqu'à l'Helbronner, trois cents mètres plus haut.

Christian examina à la lueur de sa lampe la paroi plissée du glacier. Il lui fallait s'approcher un peu plus pour voir s'il était possible de passer. Il ordonna à Lisa de rester où elle était, et avança prudemment, pas à pas, jusqu'au bord du glacier.

De près, c'était encore plus hostile que d'en haut. Tous les quelques mètres, la sombre ouverture d'une crevasse béait largement. Il était absolument impossible d'en estimer la profondeur. Non pas que cela soit important, pensa-t-il. De toute façon, il n'était pas question de s'aventurer sur cette glace sans crampons.

Il prit un ton le plus désinvolte possible pour appeler Lisa.

— Je ne crois pas qu'on puisse passer par là.

La voix de Christian fut emportée par le vent et Lisa ne fit aucun signe pour montrer qu'elle avait entendu.

— Je crois que je vais essayer par ici, dit-il, en indiquant sa droite.

Lisa, cette fois encore, ne sembla pas avoir entendu. Il s'éclaircit la gorge.

— Okay ? cria-t-il.

Lisa entendit son cri. Avec une exclamation alarmée, elle enfonça le piolet dans la neige, comme il le lui avait dit, et s'accrocha de tout son poids au manche.

Christian regarda autour de lui, surpris de son geste.

— Qu'y a-t-il ?

— C'est toi qui as crié ! hurla Lisa, commençant à se sentir un peu ridicule.

— Je t'ai simplement demandé si tout allait bien.

— Tu ne dois pas crier si ce n'est pas nécessaire, dit-elle, furieuse, en se relevant.

Christian soupira.

— Viens, nous allons essayer par là.

Et ils entamèrent le long détour autour du sommet du glacier.

Susan s'assit dans son duvet et se pencha sur Mark. Un changement dans sa respiration l'avait réveillée.

— Mark ? murmura-t-elle, doucement. Mark ?

Mark gémit. Très faiblement. A peine plus qu'un soupir. C'était le premier signe de conscience qu'il donnait.

Susan chercha la Thermos remplie d'eau dans son sac. Elle alluma sa lampe, dévissa le couvercle de la bouteille et la porta aux lèvres de Mark. Il gémit encore et détourna la tête.

Elle lui ramena la tête avec précaution et inclina la bouteille vers ses lèvres. Elle l'inclina un peu plus et encore un peu plus. Elle ne pouvait pas être vide ! Elle prit la lampe pour examiner l'intérieur de la Thermos, le renversa. Il y avait de l'eau, c'est vrai, mais elle s'était solidifiée. Elle reboucha la Thermos et l'enfourna tout au fond de son sac de couchage, où la chaleur de son corps pourrait faire fondre la glace.

Elle regarda Mark. Il avait à nouveau perdu conscience. Susan éteignit la lampe et se rallongea, remontant le sac de couchage sur ses épaules. Elle porta le sifflet à ses lèvres et souffla — une fois, deux fois, trois fois. La quatrième fois, ce fut à peine audible et la cinquième ne vit jamais le jour. Susan s'était endormie.

John Hamilton parcourut en trébuchant les derniers mètres. Il leva les yeux sur la station de l'Helbronner, brillamment éclairée, où un groupe d'hommes, emmitouflés jusqu'aux oreilles, s'affairaient. John était trop épuisé pour voir ou penser clairement, mais il crut reconnaître un gros treuil avec un cabestan et des manivelles, qu'on était en train de monter.

John, toujours vacillant, suivit une main courante le long du bâtiment et parvint devant une lourde porte de fer. Il se débattait avec la poignée. Il poussa, appuya et tira jusqu'à sangloter d'épuisement. Enfin, la porte s'ouvrit et il se retrouva à l'intérieur, à l'abri de la nuit, du vent et du froid. Il regarda autour de lui. La lumière était faible. De quel côté fallait-il aller ?

Pietro, le pilote de l'hélicoptère, était assis devant la table dans la salle bien chaude, lambrissée de bois, que les ingénieurs utilisaient comme salle de repos quand ils n'étaient pas de garde. Son vieil ami Attilio préparait sur le fourneau un vin chaud dans une casserole bosselée. Exactement ce qu'il fallait pour une nuit froide comme celle-ci, songea Pietro avec satisfaction. Du vin chaud, bien épicé, avec du sucre et un jus de citron.

Aucun d'eux ne fit attention au léger coup frappé à la porte ni même à la soudaine bouffée de vent glacé qui s'engouffra par le battant ouvert. Ils contemplaient tous les deux avec attention le vin rouge fumant qu'Attilio versait dans deux grands gobelets en plastique. Quand ce fut fait et que la casserole fut à nouveau sur le fourneau, ils levèrent les yeux.

Sur le seuil se tenait une apparition : un homme, grand et barbu, son écharpe et son chapeau couverts de neige, un sac sur le dos, un bâton à la main, les épaules affaissées par la fatigue.

Pietro s'avança et lui parla en italien. L'étranger ne sembla pas comprendre. Pietro lui tendit le gobelet de vin fumant. John le prit avec reconnaissance.

— Merci, dit-il.

— Asseyez-vous, dit Pietro en anglais, montrant une chaise et se rasseyant devant la table.

Attilio remplit un autre gobelet de vin chaud, tandis que John enlevait son chapeau, son écharpe, et se laissait tomber lourdement sur la chaise.

— D'où venez-vous ? demanda Pietro au bout d'un moment.

— De la vallée, répondit John, tenant le gobelet brûlant entre ses mains gelées et engourdies.

— Mais la ligne est fermée !

Il y avait de la surprise dans la voix de Pietro.

— Je sais, dit John. Je suis monté à pied.

Attilio, qui était à son fourneau, se retourna.

A présent, c'était de l'incrédulité qu'il y avait dans la voix de Pietro.

— Vous êtes monté à deux mille mètres ? Dans la nuit ?

— Je n'avais pas le choix.

— N'importe qui de sensé serait resté dans la vallée.

— Je sais. (John réussit à sourire.) Mais mes deux filles sont quelque part là-haut. Elles traversaient la vallée Blanche.

Pietro jeta un coup d'œil à Attilio qui avait redonné toute son attention au vin chaud. Pietro se racla la gorge et considéra John.

— Quand il y a un accident, dit-il gentiment, on ferme la ligne justement pour que les gens ne montent pas et ne gênent pas les secours.

— Je sais, dit John, conscient du reproche dans la voix de Pietro. Mais personne ne pouvait me dire ce qui était arrivé et il fallait que je sache.

Pietro hocha la tête avec sympathie.

— Une espèce de jeune idiot avec son avion à réaction est passé trop près des câbles. C'est tout ce que nous savons. Nous pensons qu'une des cabines est sortie du câble. C'est absolument interdit, vous savez, de voler aussi près.

John acquiesça.

— Je crois que je l'ai vu... et entendu.

— Le câble de traction a cédé, poursuivit Pietro. On ne peut pas ramener les cabines restées sur le câble principal. On est en train de monter un treuil spécial, pour les haler à la main. Ce n'est pas simple.

John approuva encore une fois. Ce treuil, c'était apparemment ce à quoi travaillait le groupe d'hommes qu'il avait vu en arrivant. Il s'obligea à regarder Pietro droit dans les yeux, il voulait la vérité.

— Y a-t-il des blessés ? demanda-t-il.

Pietro haussa les épaules.

— Nous l'ignorons. (Mais John remarqua qu'il détournait la tête.) Nous pensons qu'une des cabines est sortie du câble, répéta Pietro, mais nous ne savons pas s'il y avait des gens dedans.

— Je vois, dit John calmement. Et maintenant, qu'est-ce qu'on fait ?

— On attend.

Pietro posa sa main sur l'épaule de John, pour le réconforter.

— Je suis allé voir immédiatement avec mon hélicoptère — pour vérifier le câble.

— Et... ? demanda vivement John.

Pietro haussa les épaules.

— Rien. Je n'ai rien pu voir. Les nuages étaient déjà trop épais et la tempête commençait. Je n'ai rien vu. Alors, j'ai posé mon appareil sur la neige, juste en dessous de la station. Je l'ai bien arrimé. Et me voici.

— Votre hélicoptère est ici ?

John se leva d'un bond.

Pietro rit.

— Oui, il est ici. Mais il faut être patient, mon ami. Il faut attendre. On ne peut rien faire avant demain matin.

Il repoussa gentiment John sur sa chaise.

— Et il n'y a rien que *vous* puissiez faire avant demain matin.

John fixa les volets de bois qui claquaient sous les gémissements du vent, comme si, par un effort de volonté, il pouvait voir au travers et percer les secrets de la nuit noire.

Les volets claquaient bruyamment. Attilio et Pietro tenaient leur tasse de vin chaud au creux de leurs mains et observaient John avec des yeux remplis de sympathie.

— Je n'arrête pas de penser à mes filles, dit John simplement. Bloquées, seules là-haut, dans la nuit. Elles doivent avoir si froid. Et si peur.

# Chapitre 9

Lisa suivait Christian le long d'une crête glacée lorsqu'il glissa. Elle l'entendit crier, le vit filer le long de la pente, étendre ses bras et agiter ses jambes sur la surface dure pour essayer d'enrayer sa chute. Elle le vit disparaître dans l'obscurité. Elle avait déjà laissé tomber les rouleaux de corde qu'elle tenait et quand le cri frénétique de Christian atteignit ses oreilles, elle était à genoux, en train d'enfoncer le piolet dans la neige. La peur lui donna des forces et elle s'accrocha à la tête en acier de tous les grammes de son poids, poussant le manche profondément dans la neige. Elle serrait vigoureusement le piolet, lorsqu'elle sentit la corde dérouler ses anneaux en sifflant, puis se tendre. Elle reçut une secousse, tandis que le manche absorbait le choc, mais elle l'avait bien planté et il tint bon. La corde tendue fit un bruit sec sur la neige dure. Quelque part, au bout, il y avait Christian.

N'osant pas soulever son poids du piolet, Lisa appela :

— Christian? (Puis encore) Christian? (Et une troisième fois) C-h-r-i-s-t-i-a-n!

Au bout d'un temps qui lui parut interminable, une voix faible répondit dans l'obscurité :

— Lisa...

Lisa fut si soulagée que sa voix prit une inflexion coléreuse lorsqu'elle cria à son tour.

— Est-ce que ça va ?

N'importe qui, ayant vu dans quelle position se trouvait Christian, n'aurait pu être d'accord avec lui lorsqu'il répondit :

— Je vais très bien.

Christian était tombé dans une crevasse. Il était suspendu à la corde à quelque dix mètres, et en dessous de lui, c'était l'obscurité la plus totale. Il gémit de douleur tandis que la corde lui sciait la poitrine. Il savait qu'il n'avait que quelques instants pour se dégager avant de suffoquer.

— Je vais essayer de remonter, cria-t-il. Est-ce que la corde tient autour du piolet ?

Il grogna encore et tira sur la corde, essayant de soulager ce terrible étau autour de sa poitrine.

La voix de Lisa lui parvint, lointaine.

— Oui... elle tient.

— Accroche-toi ! cria Christian.

Il tenta alors, des mains et des pieds, d'attaquer le mur de glace. Mais bien que la glace, à l'intérieur de la crevasse, fût irrégulière elle était aussi dure et glissante que du verre et n'offrait aucune prise.

Il cessa de se battre et se laissa prendre, épuisé, suffoquant sous l'effort et la douleur grandissante.

— Ça ne sert à rien, haleta-t-il. Je n'y arrive pas.

— Il le faut, Christian, il le faut !

La voix désespérée de Lisa rebondissait d'un mur de glace à l'autre.

— Écoute-moi, Lisa. Tu vas faire ce que je te dis.

Il s'interrompit pour reprendre son souffle.

— Tu m'entends ?

— Oui, dit Lisa, je t'entends.

Pendant que Christian luttait pour respirer, Lisa tirait avec l'énergie du désespoir sur la corde. Si la volonté seule avait suffi, elle aurait sorti Christian de là, mais en réalité, il aurait fallu la force combinée de sept hommes pour l'extraire de sa crevasse. Lisa ne put même pas faire bouger d'un millimètre la corde tendue à l'extrême.

Elle s'assit sur la neige, vaincue.

— Explique-moi ce que je dois faire, dit-elle.

Christian soulagea sa poitrine un instant en faisant peser son poids sur ses bras et ses mains.

— Tu vas donner du mou à la corde en la laissant glisser autour du piolet, lui cria-t-il. Tu comprends ?

— Oui, répondit-elle.

— Bien. Aussi vite que tu pourras...

Lisa évalua du regard la longueur de corde entre sa taille et le piolet. C'était beaucoup trop court. Il fallait qu'elle dénoue la corde de sa taille afin de pouvoir utiliser le rouleau qu'elle portait en bandoulière. En se tortillant, elle réussit à se dégager, défit le nœud autour de sa taille et, un instant après, fit glisser, centimètre par centimètre, la corde enroulée autour du manche du piolet. Le poids de Christian à l'autre bout tirait sur la corde par petites secousses.

Christian grogna lorsqu'il commença à descendre lentement.

Lisa se mordait les lèvres, concentrée sur sa tâche. Si elle donnait trop de mou d'un coup, Christian irait trop vite, et si elle allait trop doucement, il lui faudrait une éternité pour atteindre le fond de la crevasse.

— C'est bien, l'Anglaise, c'est bien. Continue, continue.

Lisa accéléra le mouvement. Immédiatement, la voix de Christian la rappela à l'ordre :

— Doucement, doucement.

Lisa ralentit et regarda anxieusement ce qui lui restait de corde. Qu'arriverait-il, se demanda-t-elle, si elle était trop courte ? Et s'il n'y avait pas de fond, si la crevasse avait des douzaines de mètres de profondeur — ou même des centaines ?

— Okay, l'Anglaise, dit une voix lointaine. J'y suis !

Lisa aurait pu pleurer de soulagement.

Christian défit la corde autour de sa poitrine et aspira avidement de grandes goulées d'air. Sous ses pieds, il sentait la neige molle, amoncelée par le vent. L'obscurité et le silence l'oppressaient. En levant les yeux, il pouvait apercevoir une étroite bande de noir moins sombre, qui était le ciel, et, en tendant l'oreille, entendre faiblement les cris de Lisa.

— Tout va bien ? appela-t-elle.

— Oui, très bien ! cria-t-il en retour. A présent, écoute-moi bien, l'Anglaise. (Il s'interrompit, mais comme elle ne disait rien, il demanda.) Tu m'entends ?

— Oui.

La voix de Lisa semblait soupçonneuse — elle ne pouvait s'en empêcher parce qu'une terrible certitude se formait dans son esprit, la certitude de ce que Christian allait dire.

— Je veux que tu continues sans moi.
— Non ! hurla-t-elle. Je ne te laisserai pas !
— Je suis parfaitement bien ici. (Christian poussa sa voix à prendre un ton plein de force et de confiance, qu'il était loin d'éprouver.) Lisa ? appela-t-il. Lisa, tu m'entends ?
— Oui, lui parvint la réponse réticente. Mais je ne te laisserai pas ici.
— Il faut que tu ailles chercher du secours. Pour Mark.

Lisa ne dit rien. Que fallait-il qu'elle fasse ? Elle ne savait plus. Proche du désespoir, elle écoutait passivement, tandis que Christian la suppliait des profondeurs de sa crevasse.
— Lisa, j'aime beaucoup mon frère. Tu dois aller chercher de l'aide. S'il te plaît, Lisa. Je suis très bien, ici en bas. Je t'assure.
Christian s'arrêta pour écouter la réponse.
Lisa ne disait rien.
— Lisa ? cria-t-il.
— Oui, répondit-elle, étouffant un sanglot.
— Tu sais te servir d'une boussole ?

Une bouffée d'indignation envahit Lisa.

— Naturellement !

Christian sourit. Il connaissait bien sa Lisa. Il savait comment la prendre. A présent, elle allait continuer toute seule.

Lisa réalisa qu'il avait réussi à la faire changer d'avis.

— Dis-moi ce que je dois faire, cria-t-elle.

Il ne fallut pas longtemps à Christian pour attacher au bout de la corde son bonnet de laine, dans lequel il avait mis la boussole — et à Lisa pour renvoyer le bonnet avec un petit cadeau dedans. Pendant toutes les vacances, elle avait gardé sa dernière barre de chocolat à la menthe pour une urgence. Un moment plus tôt, elle s'était rappelé qu'elle était toujours dans la poche de son anorak. Elle l'avait cassée en deux, avait comparé les morceaux et envoyé le plus gros à Christian.

Christian essaya de la persuader de prendre le piolet, mais elle ne voulut rien savoir malgré tout ce qu'il put dire.

A la place, elle enleva son anorak et coupa rapidement une des manches à l'aide de la tête du piolet, qui émergeait de la neige. Elle acheva de déchirer la manche et l'enfila sur la tête du piolet. Il y avait à présent un beau repère jaune pour indiquer où se trouvait la crevasse de Christian. Elle renfila son anorak. Puis elle ramassa la torche que Christian avait lâchée et passa la cordelette de la boussole autour de son cou.

— Quelle direction faut-il que je prenne ? cria-t-elle.

— Cent quatre-vingts degrés. Vers le sud. Et merci pour le chocolat.

— Cent quatre-vingts degrés, marmonna Lisa, faisant tourner le cadran jusqu'à ce que l'aiguille lumineuse soit alignée sur le grand N.

Ça, c'était le nord et elle voulait aller au sud. C'était facile. Elle se retourna, gardant l'aiguille sur le nord, jusqu'à ce qu'elle soit face au sud.

Elle éclaira devant elle pour voir s'il y avait un repère dans cette direction, sur lequel elle pourrait se guider. Mais le faisceau lumineux de sa lampe n'était pas assez puissant. Il lui fallait avancer uniquement à la boussole. Eh bien, elle

l'avait déjà fait et elle ne voyait pas de raison de ne pas le refaire.
— Je m'en vais, maintenant, cria-t-elle tout en scrutant la nuit.
— Bonne chance, l'Anglaise ! lui parvint la voix lointaine de Christian.
Lisa attendit un peu que sa gorge se desserre avant de répondre fermement.
— Au revoir, Christian !
Et comme sa gorge se serrait à nouveau, elle s'éloigna rapidement de la crevasse en suivant le rebord glacé, vers le sud.
Derrière elle, le repère jaune sur le piolet rapetissa peu à peu jusqu'à disparaître complètement dans l'obscurité.

Susan se réveilla en sursaut. Mark l'appelait.
— Tout va bien, dit-elle, je suis là.
Elle s'assit et alluma la lampe torche. Mark était profondément endormi. Avait-elle rêvé ? Elle approcha le rayon de la lampe du visage de Mark. Les sourcils du garçon se froncèrent. Un gémissement sourd sortit de ses lèvres entrouvertes. Sa tête roulait lentement d'un côté à l'autre.

Susan caressa doucement le visage du blessé de sa main gantée. C'était le moment qu'elle redoutait : Mark reprenant conscience et sentant la douleur, et elle n'ayant rien pour le soulager. Elle prit la trousse de premiers secours et sortit le tube d'aspirine. Elle décida de lui donner deux comprimés écrasés dans un peu d'eau. Elle plongea la main au fond de son sac de couchage pour attraper la Thermos. Elle l'agita et fut soulagée d'entendre l'eau clapoter. Elle n'était pas gelée. Elle baissa les yeux en entendant Mark murmurer.

— Susan ? Su...

— Je suis là, dit-elle, et elle porta la bouteille aux lèvres de Mark.

Mais il avait à nouveau perdu connaissance et elle reposa doucement sa tête, soulagée que l'inconscience ou le sommeil l'ait encore une fois emporté.

Susan se recoucha à côté de lui et écouta sa respiration. Depuis combien d'heures étaient-ils là ? Quand donc cette longue nuit allait-elle prendre fin ?

Christian leva ses pieds, d'abord l'un, puis l'autre. C'était des mouvements trop inachevés pour qu'on puisse appeler ça taper du pied, mais c'était pourtant ce qu'il essayait de faire, taper du pied, pour essayer de se réchauffer.

En même temps, il agitait les bras. Mais là non plus, il n'arrivait pas jusqu'au bout du mouvement. Il était tellement épuisé et ses membres étaient si lourds.

Il secoua la tête et se força à garder les yeux ouverts. Il savait qu'il ne fallait pas dormir. S'il s'endormait — debout ou couché, ça n'avait pas d'importance —, s'il s'endormait, il ne se réveillerait jamais plus, la température de son corps s'abaisserait et il tomberait dans un coma profond dont il ne sortirait pas. Christian marchait de long en large, en traînant les pieds dans la neige, s'arrêtant parfois pour s'accrocher à la corde et soulager ses jambes de son poids, puis reprenant sa marche lente.

Il décida de réviser sa grammaire anglaise, forçant son cerveau engourdi à conjuguer des verbes anglais.

— *I am freezing**, marmonna-t-il, *I was*

* *To freeze :* être glacé, avoir froid.

*freezing, I shall be freezing, I shall be frozen, I shall freeze, I froze.*

Il agitait ses bras et tapait du pied en cadence.

— *I had been freezing, I would have been freezing, I shall have been frozen, I had been frozen.*

Soudain, il cessa de marmonner et dit tout haut :

— Hé, Christian, ne sois pas défaitiste comme ça, *I am* not *freezing, I did* not *freeze, I shall* not *be freezing, I was* not *freezing, I shall* not *freeze.*

Il rit de sa propre bêtise mais il était plus réveillé, maintenant, et il continua à battre des bras et à se parler à haute voix tout en piétinant la neige dans son petit espace, au fond de la crevasse.

Le vent gémissait et soufflait sur la surface du glacier. De temps à autre, les nuages s'écartaient un moment, révélant les millions d'étoiles qui saupoudraient le ciel.

Au milieu de l'immensité blanche et glacée, une petite silhouette progressait lentement, levant une jambe fatiguée après l'autre, dans un rythme monotone. Quelquefois, elle s'enfonçait jusqu'aux genoux dans la neige. Quelquefois, elle s'arrêtait pour vérifier sa direction sur la boussole.

Lisa ignorait depuis combien de temps elle marchait. Elle ne savait pas quelle heure il était. Elle ne savait pas à quelle distance était sa destination. Elle ne savait pas quand le jour allait se lever. Tout ce qu'elle savait, c'était qu'elle devait continuer à avancer vers le sud, qu'elle devait faire attention aux crevasses, qu'elle devait marcher encore, jusqu'à ce qu'elle arrive à l'Helbronner, et alors, tout rentrerait dans l'ordre.

La chaussure gauche de Lisa accrocha la croûte de glace, elle trébucha et tomba à genoux dans la neige.

John Hamilton s'assit dans un sursaut, brusquement réveillé. Que s'était-il passé ? Qu'est-ce qui l'avait réveillé ? Il regarda la pièce faiblement éclairée et changea de position malgré ses courbatures. Il s'était endormi sur un banc en bois. Tout était calme. Il tapota le petit sac à dos qu'il avait glissé sous sa tête et se rallongea. Il se demanda encore une fois ce qui avait pu le réveiller, puis retomba dans le sommeil.

Lisa se releva, recommença à marcher, puis s'arrêta pour consulter la boussole. Heureusement, car elle s'était engagée dans une mauvaise direction. Elle rectifia sa route et repartit, pied gauche, pause, pied droit, pause, pied gauche, pause.

La petite silhouette avançait lentement et régulièrement, solitaire dans le désert de froid.

# Chapitre 10

Dans la nuit bien avancée, c'est le moment, avant l'aube, où la nuit est la plus noire. Le moment où la respiration est la plus légère, le cœur le plus lent. Le moment le plus redouté par tous ceux qui doivent rester éveillés, par les marins de quart, sur la mer, par les soldats attendant, la bouche sèche, l'attaque de l'aube, par les infirmières veillant leurs malades — le moment où la vie est à son tirant le plus faible.

A ce moment-là, il n'y avait plus de mouvement au fond de la crevasse. Le corps de Christian était mollement accroché à la corde. Tandis que le froid envahissant gagnait peu à peu ses mains et ses doigts de pied, Christian s'était retiré de plus en plus profondément à l'intérieur de lui-même. Il avait perdu contact avec les avant-postes de son corps, il était devenu indifférent à leur sort. Il avait trouvé refuge dans ce qui lui apparaissait comme la dernière source de chaleur au monde — son noyau le plus profond, au cœur de lui-même. Son esprit engourdi lui disait que c'était là son dernier espoir, qu'il devait rester éveillé et garder le contrôle de ce dernier bastion ou bien s'avouer vaincu et abandonner la partie.

Au même moment, Susan, recroquevillée à côté de Mark, plongée dans un lourd sommeil, se réveilla en sursaut. Quelque chose avait changé. Elle se pencha vers Mark. Elle ne l'entendait plus respirer. Elle le secoua en criant désespérément : Mark !

Il gémit. Lentement ses yeux s'ouvrirent et se fixèrent sur elle.

— Ô Mark, sanglota Susan. Je suis désolée, je croyais que tu t'étais arrêté de respirer.

Le visage de Mark se crispa de douleur. Elle entendit un gémissement sourd qui se transforma en murmure. Ses yeux se révulsèrent et ses paupières se fermèrent. De chaudes larmes roulèrent le long du nez de Susan. Elle se sentait si inutile, si désemparée.

— Qu'est-ce que je pourrais bien faire ? murmura-t-elle. Qu'est-ce que je pourrais bien faire ?

Au même moment, Lisa arriva devant une pente recouverte d'une épaisse croûte de neige. La pente était raide et elle s'y aventura avec précaution. Lorsqu'elle fut en bas, elle s'assit. Elle n'en avait pas eu l'intention, mais ses genoux l'avaient trahie.

Quelle que soit la façon dont elle plaçait ses genoux, repliés sous son menton ou étendus devant elle, ils tremblaient d'une manière incontrôlable. Rien ne pouvait les en empêcher. Alors, elle les mit de côté, dans la position où ils tremblaient le moins.

En enlevant ses gants pour prendre le dernier morceau de chocolat à la menthe, elle se demanda si elle allait être capable de se relever. Lisa n'était pas d'un caractère à dramatiser les choses mais, tandis qu'elle suçait le sucre mentholé, elle se demanda combien de temps il fallait pour mourir de froid. Et si elle allait sentir quelque chose — ou bien simplement s'engourdir complètement.

Juste à l'aube, la force du blizzard vacilla puis s'éteignit.

L'aube vint d'abord toucher le dôme enneigé du mont Blanc, colorant de rose le sommet.

L'un après l'autre, pic, crête, arête et cime se découpèrent, sombres silhouettes, sur le ciel orangé.

Silence.

Puis le silence fut soudain brisé par le toussotement et le rugissement brutal d'un moteur.

Lisa bondit, oubliant ses genoux tremblants. Elle courut en trébuchant dans la neige, jusqu'à une élévation de rochers. « S'il vous plaît, oh, s'il vous plaît, priait-elle tout bas, faites que cette chose, quelle qu'elle soit, reste là. Faites qu'elle ne s'en aille pas avant que j'arrive là-bas. »

Lisa contourna les rochers. A quelques mètres, une machine rouge vif semblait accroupie dans la neige, une sorte d'énorme tracteur, avec de larges chenilles, un moteur chaud et rassurant.

Un homme sortit d'une baraque en tôle et se dirigea vers la machine. Lisa se précipita vers lui, tomba, cria, en sanglotant de soulagement. Sa responsabilité était dégagée : les autres allaient être secourus, ils allaient être sauvés !

Le conducteur de l'autoneige parla rapidement en italien dans sa radio. Un moment plus tard, Lisa entendait la voix anxieuse de son père, parmi les crachotements du poste. Elle se rendit compte qu'elle ne savait pas quoi dire, elle pleurait et riait en même temps, les larmes inondaient ses joues, tout son corps était agité de petits sanglots secs.

Elle entendit son père demander où étaient les autres. Et elle réussit à lui dire, entre deux sanglots, que Susan et Mark se trouvaient sous la tente brune et Christian au fond d'une crevasse. Puis elle entendit son père parler à quelqu'un d'autre et un brouhaha de voix italiennes derrière.

Le conducteur versa du chocolat

chaud d'une Thermos dans un gobelet et le lui tendit. Puis son père parla à nouveau. Il allait partir en hélicoptère récupérer Susan et Mark. L'autoneige rechercherait Christian. Pouvait-elle expliquer au conducteur où il fallait aller ? Il la verrait bientôt.

Lisa savait qu'il était inutile d'essayer d'expliquer où se trouvait le repère jaune, elle allait montrer le chemin. Elle le voulait. Elle voulait retrouver Christian — avant qu'il ne soit trop tard. Le chocolat chaud avait calmé ses tremblements et ses sanglots nerveux avaient cessé.

Deux guides, arrivés de l'Helbronner, grimpèrent à l'arrière du véhicule. Lisa, assise dans la cabine bien chaude, indiqua au conducteur la direction à suivre. L'autoneige avança en grondant vers le glacier du Géant.

L'hélicoptère, en passant, faillit mettre fin à la vie de Christian. Non pas que le pilote ni John Hamilton, assis à côté de lui, s'en fussent aperçus. Ils passèrent très bas au-dessus de la crevasse et ne virent pas le repère jaune sur la neige. Mais l'appel d'air créé par les

rotors délogea un gros bloc de neige gelée du bord de la crevasse. Silencieusement, il tomba en tournoyant dans les profondeurs bleu foncé.

S'il avait touché Christian, celui-ci serait mort sur le coup, mais le bloc manqua sa tête d'un cheveu et s'écrasa à ses pieds, le recouvrant d'une poudre blanche et le picotant de milles particules de glace.

Ce fut le bruit plus que les sensations

qui agit sur la conscience vacillante de Christian. Il ne savait ce qui était arrivé, il avait entendu un bruit sourd et senti des piqûres sur son visage. A présent, les piqûres avaient cessé et le seul bruit qu'il entendait, c'était le ronronnement d'un hélicoptère qui s'éloignait.

Un hélicoptère ! L'esprit de Christian retrouva une soudaine acuité. Cela voulait dire qu'on le cherchait ! Il devait faire jour. Curieux, il ne voyait pas de lumière. Peut-être que s'il levait les yeux vers le haut de la crevasse...

Il découvrit qu'il ne pouvait pas bouger la tête, elle ne voulait pas lui obéir. Il eut un petit moment de panique — puis un autre lorsqu'il comprit qu'il ne voyait rien. Ses yeux étaient-ils brûlés par la neige ? Non, ce n'était pas ça — il ne pouvait pas ouvrir les yeux parce que ses cils étaient collés par le gel. Il devait les séparer doucement avec ses doigts. Mais ses doigts refusaient de faire le voyage jusqu'à sa figure.

Christian sentit la main glacée de la peur, plus froide que n'importe quel froid, lui enserrer le cœur. Son corps était-il déjà gelé au-delà de toute espérance ? Était-il en train de devenir partie intégrante du glacier — destiné à l'accompagner dans son inexorable voyage vers la vallée ? Il avait entendu l'histoire d'un alpiniste, tombé dans une crevasse, dont le corps n'avait émergé des entrailles du glacier que quarante-sept ans plus tard.

La peur fit battre son cœur plus vite. Il en aurait bien pleuré de frustration. S'il avait pu pleurer. Mais il ne pouvait rien faire, il ne pouvait pas bouger. Seulement rester accroché à cette corde comme un ballot, sans volonté aucune.

Une image lui traversa l'esprit, du temps où il était petit : lui, assis sur une balançoire, dans leur jardin. Avant qu'il sache se balancer. Avant d'avoir appris à plier ses jambes en avançant le torse, puis à les étendre en se rejetant en arrière...

Christian se pencha en avant, son corps, tel un poids mort, suspendu des deux mains à la corde. Par un immense effort de volonté, il réussit, sans visiblement bouger, à transférer une partie de son poids sur ses jambes. Puis il reporta son poids sur la corde. Puis sur ses jambes, puis sur la corde.

Il fallut une éternité avant qu'il puisse faire un mouvement, mais au moins, il avait imprimé à son corps une sorte d'oscillation. Il se balança un peu plus. Enfin, il se balança vraiment.

Il put plier les genoux et se pousser en avant. Dans le mouvement de retour, il touchait le mur de glace derrière lui. Bientôt, il heurta régulièrement la glace, et il en avait la respiration coupée. Cependant, chaque fois qu'il se balançait en avant, il avalait une goulée d'air frais.

La circulation, qui revenait dans ses bras et ses jambes, lui faisait pousser des grognements. Mais il était content de cette douleur. Il était content de pouvoir la ressentir. Il était content de pouvoir à nouveau remuer.

L'hélicoptère tourna autour d'un pic élevé. Le champ de neige s'étendait au-delà. A la base du pic se trouvait un ravin. John se pencha pour mieux voir. Ce petit triangle marron était-il vraiment de forme plus régulière que le reste des rochers ? Il frappa sur l'épaule de Pietro et, du doigt, indiqua le bas. Le nez de l'hélicoptère piqua et ils amorcèrent une descente pour regarder de plus près.

Un instant plus tard, John et Pietro aperçurent une silhouette jaune vif sur la neige, à côté de la tente, qui agitait follement les bras.

— C'est Susan ! cria John. Et il commença à défaire sa ceinture de sécurité.

— Attendez un peu, se moqua Pietro. Vous n'avez pas de parachute.

Susan retenait des deux mains son bonnet à pompon, tandis que l'air tourbillonnait violemment autour d'elle. Puis elle essaya de courir vers l'hélicoptère qui avait à présent touché le sol, au bord du ravin.

John bondit hors de la cabine, fit trois pas, perdit l'équilibre et partit en glissant le long de la pente dans un enchevêtrement de bras et de jambes.

Susan se précipita dans ses bras, et ils rirent et pleurèrent et parlèrent tout à la fois.

— Papa ! Papa !

— Dieu merci, tu es saine et sauve !

— Comment va Lisa ?

— Elle va très bien — elle est partie à la recherche de Christian. Comment va Mark ?

Susan souleva le pan de la tente.

Mark leva les yeux et réussit à esquisser un faible sourire.

— Mark va bien, dit-il.

Un grondement sourd résonna contre les murs de la crevasse. Christian tourna la tête vers le haut, agité d'une peur soudaine, redoutant une avalanche de glace. Ses sourcils et ses cils étaient raides. De ses doigts gantés, il força ses paupières à se soulever.

Le grondement se fit plus fort. Son univers de glace se mit à trembler. De la neige tomba en cascade, éclaboussant son visage levé. Comme au ralenti, il vit un bloc de neige tomber sur lui en tournoyant. Tout aussi lentement, il s'aplatit contre la paroi. Le bloc s'écrasa à ses pieds, le recouvrant de neige.

Au bout d'un moment, il se redressa, regarda en l'air, prêt à éviter un autre bloc. Le grondement avait cessé.

Lisa bondit hors de l'autoneige et courut vers le repère jaune enfoncé dans la neige.

— Christian! Christian ! appela-t-elle.

Les deux guides et le conducteur la suivirent.

— Christian ! hurla-t-elle à nouveau. Christian !

Elle guetta désespérément une réponse, en priant qu'il ne soit pas trop tard.

Christian s'écarta prudemment du mur de glace.

— Hello ? dit-il d'une voix cassée. Lisa ? (Puis, plus fort.) Lisa ?

Un cri lui parvint :

— Attention !

Un instant plus tard, une corde atterrit aux pieds de Christian. Puis un autre cri :

— Je descends.

Lisa, croisant et décroisant ses doigts, regarda l'un des guides disparaître par-dessus le bord de la crevasse.

L'autre extrémité de la corde fut attachée à l'autoneige. Au signal du second guide, l'engin fit lentement marche arrière.

Lisa attendit, le cœur torturé.

Hissés par l'autoneige, le guide et Christian firent l'ascension du mur de glace vertical en moins de deux minutes.

Des bras puissants tirèrent Christian sur la neige.

Le visage de Lisa se fendit d'un sourire radieux.

— Christian ! cria-t-elle, et elle s'élança à sa rencontre.

— Christian ! (Elle dévala la pente et se précipita sur lui.) Je croyais que je ne te reverrais plus jamais !

Puis le visage de Lisa se creusa brusquement de peur. Qu'avait-elle fait ? Elle avait renversé Christian, il avait perdu l'équilibre et reculait en trébuchant vers le bord de la crevasse, battant l'air de ses bras.

Elle eut un cri désespéré, arraché du plus profond de son âme.

— CHRISTIAN !

Il s'arrêta en vacillant à l'extrême bord.

Puis il se mit à rire et courut vers elle.

Elle pleura de colère et éclata de rire aussi, emplie d'un bonheur incommensurable.

— Christian ! hurla-t-elle, tu es fou de faire des choses pareilles !

Puis les bras de Christian l'entourèrent et la soulevèrent de terre. Elle s'accrocha à lui de toutes ses forces pendant qu'ils riaient comme des fous.

— Ô l'Anglaise, ô l'Anglaise...

Et Lisa était si heureuse qu'elle aurait voulu que ce moment ne finisse jamais.

l'Atelier du Père Castor présente

# la collection Castor Poche

**La collection Castor Poche vous propose :**

- des textes écrits avec passion par des auteurs du monde entier, par des écrivains qui aiment la vie, qui défendent et respectent les différences ;
- des textes où la complicité et la connivence entre l'auteur et vous se nouent et se développent au fil des pages ;
- des récits qui vous concernent parce qu'ils mettent en scène des enfants et des adultes dans leurs rapports avec le monde qui les entoure ;
- des histoires sincères où, comme dans la réalité, les moments dramatiques côtoient les moments de joie ;
- une variété de ton et de style où l'humour, la gravité, la fantaisie, l'émotion, la poésie se passent le relais ;
- des illustrations soignées, dessinées par des artistes d'aujourd'hui ;
- des livres qui touchent les lecteurs à différents âges et aussi les adultes.

Un texte au dos de chaque couverture vous présente les héros, leur âge, les thèmes abordés dans le récit. Vous pourrez ainsi choisir votre livre selon vos interrogations et vos curiosités du moment.

Au début de chaque ouvrage, l'auteur, le traducteur, l'illustrateur sont présentés. Ils vous invitent à communiquer, à correspondre avec eux.

CASTOR POCHE
Atelier du Père Castor
7, rue Corneille
75006 PARIS

## 177 **Enfant de la samba**
par Miriam Cohen

A Rio de Janeiro, c'est la fièvre qui précède le carnaval. Maria Antonia, qui danse comme elle respire, espère de toutes ses forces être choisie comme Reine des enfants pour le défilé. Mais arrive Teresinha. Maria brûle d'angoisse et de jalousie. Et si cette intruse allait lui « souffler » sa place ?

## 178 **Nicky ou l'amour d'une reine**
par Jens Bahre

Depuis la mort de sa mère, Nicky, douze ans, s'occupe seule de ses trois frères et sœur. Mais les choses se compliquent. En classe, elle s'affronte à son nouveau professeur de math. Et à la maison, elle voit son père devenir de plus en plus triste. Nicky se met en tête de l'aider à se remarier. Mais quel choc lorsqu'elle découvre l'identité de la femme que son père aime en secret...

## 179 **Le temps de Julie (senior)**
par Anne Pierjean

C'est à la Saint-Andéol que Julie rencontre Raphaël. Quelques jours plus tard, Raphaël lui demande de devenir sa femme et Julie, malgré ses dix-sept ans accepte. Les années de bonheur passent vite. Julie découvre avec Raphaël la joie d'attendre un enfant. Mais la guerre éclate et Raphaël doit partir...

## 180 **Pentecôte le mulot**
par W. J. Corbett

Une tribu de mulots doit abandonner la terre de ses ancêtres pour les terres promises de Lickey Top... Sous la conduite de leur chef Pentecôte, les mulots se mettent en route. Mais leur voyage est semé d'embûches et ponctué de rencontres insolites : un serpent aux prises avec un problème d'héritage, un crapaud mythomane, un renard poète, un hibou traumatisé, sans compter un insecte-espion des plus rares...

181 **je suis née en Chine**
par Jean Fritz

Jean, 11 ans, est née et a grandi en Chine, mais elle se sait et se veut américaine. Elle ne rêve qu'au jour où elle partira pour ce pays qu'elle ne connaît pas. Mais la révolution gronde dans les rues d'Hankéou. Le départ tant attendu se fera dans la précipitation et sous le signe du danger...

182 **les ombres d'Autumn Street (senior)**
par Lois Lowry

Après le départ à la guerre de son père, Elizabeth vient, avec sa mère et sa sœur aînée, habiter chez ses grands-parents. Elle s'adapte peu à peu à sa nouvelle vie et savoure son amitié avec Charles, le petit-fils de Tatie, la vieille cuisinière. Ensemble les deux enfants échangent serments, mensonges et histoires terrifiantes et essaient d'interpréter ce monde d'adultes qui est toujours pour eux une énigme...

183 **la source enchantée**
par Natalie Babbitt

Winnie, 11 ans, décide d'aller faire un tour dans le petit bois d'en face. Elle y fait la rencontre d'une bien étrange famille, et c'est le début d'une grande aventure. Winnie est victime d'un enlèvement et les événements se précipitent...

184 **Flora, l'inconnue de l'espace (senior)**
par Pierre-Marie Beaude

En l'an 2100, Jonathan quitte Uma, la station lunaire envahie de touristes, à bord de son « trap », avec pour seule compagnie un ordinateur plutôt bavard. Un étrange appel radio, un mystérieux rendez-vous sur un astéroïde, et voilà Jonathan entraîné dans une étonnante aventure où l'attend Flora, l'inconnue de l'espace.

185 **Les trois oranges d'amour**
par Carmen Bravo-Villasante

Dix-sept contes tirés du trésor des récits traditionnels scrupuleusement recueillis dans les différentes régions d'Espagne. Des récits humoristiques, merveilleux et symboliques qui intriguent et réjouissent tout à la fois, et où la peur se transforme rapidement en rire...

186 **La vie sauvage**
par Jean-Paul Nozière

Manuel et Youri, deux amis de treize et quatorze ans, décident de vivre une expérience de « vie sauvage ». Forts de leurs lectures, ils partent quelques jours seuls, sans nourriture, au cœur d'une réserve. Mais au détour d'un sentier, ils surprennent des braconniers en pleine activité. Une chasse inattendue et impitoyable commence.

187 **Le cheval à la crinière rose (senior)**
par Victor Astafiev

Une galerie de portraits d'enfants des régions nordiques de l'Union Soviétique. La nature sibérienne ne fait pas de cadeaux. Il n'est pas sans danger de dérober ses petits à une martre et de s'aventurer sur l'Ienisseï quand la glace n'est pas encore solide. Même les flaques de boue peuvent réserver de désagréables surprises...

188 **Le survivant (senior)**
par Andrée Chedid

En pleine nuit, Lana apprend par téléphone que l'avion dans lequel son mari, Pierre, a embarqué quelques heures plus tôt, s'est écrasé dans le désert. Il n'y a qu'un survivant. Lana, convaincue qu'il s'agit de Pierre, part à la recherche de l'homme qu'elle aime, à travers oasis, villages, désert, solitude...

189 **Loïse en sabots (senior)**
par Anne Pierjean

En Dauphiné, au début du siècle, ce n'est pas facile d'être une fille de divorcés. Mais la petite Loïse a, profondément ancré en elle, le goût du bonheur. Et puis elle a Gilles, son ami de toujours. Loïse épouse Gilles l'année de ses seize ans et vit quatre ans de grand bonheur. Mais la guerre éclate la laissant veuve avec deux jeunes enfants. Surmontant son chagrin, Loïse tente de retrouver sa joie de vivre...

190 **Les voyages fous, fous, fous d'Alexis**
par Robert Boudet

Alexis quitte son village de Chantières pour courir l'aventure à travers le monde. De ville en ville, il découvre les dangers les plus sournois de notre monde moderne. Heureusement, Alexis a le sens de l'humour et Zoom, son chien, un flair infaillible ! Mais cela leur suffira-t-il pour échapper aux pièges tendus dans toutes ces villes ?

191 **Le Dragon de feu**
par Colin Thiele

La famille Pene habite la Grange du Hérisson en lisière de la Grande Brousse. Melton, Crystal et Colin ne manquent jamais d'occupations car, outre le bétail, la ferme est envahie d'animaux sauvages plus ou moins apprivoisés. Avec la canicule, revient le temps des incendies. Dans toute l'Australie, le Dragon de feu tire sur sa chaîne. Chacun doit redoubler de précautions. Une étincelle et les collines se transforment en rivière de feu. Le danger est aux portes de la ferme.

192 **Dix-neuf fables du méchant loup**
par Jean Muzi

19 fables et contes empruntés à la littérature populaire d'Europe, d'Asie et du Moyen-Orient dans lesquels le loup est accusé des pires cruautés. Tour à tour couard, naïf, lourdaud, sot et borné, le loup tombe sans cesse dans les pièges les plus grossiers. Accablé de moqueries, ridiculisé et berné, il subit de cruels supplices.

193 **Je suis innocent !!! (senior)**
par Mel Ellis

Danny Stuart, 17 ans, est accusé d'avoir assassiné un voisin. Au début, Danny est persuadé que son innocence va éclater à la vue de tous. Il n'hésite pas à partir en cachette nourrir Molly, la chienne de la victime, réfugiée dans les collines avec sa portée de chiots. Mais la date du procès se rapproche et Danny réalise angoissé qu'il n'a aucun moyen de se défendre contre les preuves accablantes qui s'accumulent contre lui...

194 **Une surprise pour grand-père**
par C. Everard Palmer

Après l'accident de leur grand-père, Milton, 13 ans, et son jeune frère Timmy, doivent s'occuper de leur petite ferme. Le vieil homme ne peut plus se déplacer seul et se retrouve cloué à la maison. Les deux garçons se mettent en tête de gagner suffisamment d'argent pour lui acheter le cabriolet qui lui permettra de « revivre ».

195 **Le vétérinaire apprivoisé**
par Arlette Muchard

« Moi, Marcel, petit chat seul au monde et affamé, je suis entré dans la maison d'Émilie et de Martine, sa maman, bien décidé à me faire aimer de ces deux humaines aux yeux tendres. Las ! un jour, un grand vétérinaire tenta d'envahir la maison, et ce fut la fin de notre tranquillité... »

196 **Albatros II (senior)**
par Colin Thiele

A Ripple Bay, petit port de pêche d'Australie, l'arrivée d'Albatros II, l'une des plus grosses plates-formes pétrolières du monde, provoque bien des discussions. Alors que Link Banks, 14 ans, désire connaître le fonctionnement d'une telle entreprise, Tina, sa sœur, s'inquiète : cette énorme silhouette d'acier représente une menace permanente pour les oiseaux de mer venus nicher sur la côte...

197 **le crocodile Génia et ses amis**
par Édouard Ouspenski

Dans une grande ville anonyme, des enfants et des bêtes décident de se faire des amis. Génia le crocodile, Badaboum, un étrange jouet raté qui ne ressemble à aucun animal connu, et tous leurs amis de rencontre entreprennent de construire une Maison de l'Amitié, mais une vieille mégère et un terrible rhinocéros tentent de les en empêcher.

198 **le pays de l'or brûlant**
par Ronimund Hubert von Bissing

David et sa sœur Marie s'éveillent sur une plage inconnue. Ils finissent par rencontrer un homme qui leur conte l'étonnant récit du lac d'Or Brûlant et qui leur remet à chacun un médaillon. Les enfants décident de partir à la recherche de ce lac entouré de mystère. La route est pleine de pièges et de tentations...

199 **le prix d'un coup de tête**
par Gérard-Hubert Richou

Stéphanie, 11 ans, est l'aînée de quatre enfants. Elle comprend les difficultés financières que rencontrent ses parents mais elle a l'impression d'en faire seule les frais. Un beau jour, sur un coup de tête, elle décide de s'en aller. En attendant le train qui l'emmènera au soleil, un étrange individu l'aborde courtoisement : « Bonjour princesse, je vous ai reconnue... ».

200 **les mots en miel (senior)**
par Sandrine Pernusch

Sabine veut « mériter » l'amour de son père, un homme prestigieux, un « savant ». Mais elle sait bien qu'il ne peut aimer une fille, surtout la sienne, qui demeurerait n'importe qui. Alors Sabine se met en tête de devenir une héroïne pour recevoir les petits mots tendres, les mots en miel qu'il ne lui dit jamais...

201 **jamais deux sans trois**
par Théa Dubelaar-Balzamont

Malgré le panneau « défense d'entrer », les jumeaux Rob et Rose pénètrent sur un chantier de construction. A l'aide d'une planche, ils descendent explorer les recoins d'une fosse aux murs de béton. Mais la planche casse... Les jumeaux sont bloqués au fond. Une petite fille entend leurs appels. Elle tente de les aider à sortir mais glisse à son tour. Ils sont trois maintenant dans le trou et la nuit tombe...

202 **la chanson de Dicey**
par Cynthia Voigt

Après un été d'errance, les enfants Tillerman vivent chez Gram leur grand-mère. Gram ne se laisse pas facilement apprivoiser. L'acclimatation n'est simple pour aucun des quatre enfants. Un drame et un profond chagrin fourniront l'occasion de découvrir la force des liens qui se sont tissés entre les enfants et la vieille dame...

203 **hot-dog ou petit pain au chocolat**
par Marie Page

Nés d'un père britannique et d'une mère française, Alex, 13 ans, et sa jeune sœur Caroline vivent depuis toujours au Québec. Ils se sentent « internationaux » comme le dit Alex dans ses mémoires qu'il rédige en secret. Mais Caroline découvre le livre de son frère et n'hésite pas à intervenir à sa façon...

204 **Matilda, la petite robote**
par Philip Newth

Sam, 11 ans, s'ennuie à la maison jusqu'au jour où arrive Matilda, un robot domestique programmé pour commander les commissions, faire le dîner et aider Sam dans ses devoirs. Mais voilà, Matilda est en fait à moitié déglinguée et ses réactions sont imprévisibles...

205 **Julie et le pantin**
par Philippe Cayeux

Julie, neuf ans, s'ennuie. Il lui manque vraiment un ami, un confident. C'est un étonnant pantin de bois, un jouet de rien du tout qui devient son compagnon de tous les instants, l'ami inséparable qui va transformer sa vie. Mais il y a aussi Rémi, le copain de classe...

206 **Contre vents et marées (senior)** Tome 1
par Nancy Bond

Paul Vickers et sa famille viennent de s'installer au cœur d'une région particulièrement touchée par la crise. La côte est bordée de villes fantômes, désertées depuis longtemps. C'est ce décor poignant que Paul explore à vélo au cours de l'hiver qui suit son arrivée. Il y fera des rencontres qui vont bouleverser sa vie...

207 **Contre vents et marées (senior)** Tome 2
par Nancy Bond

Paul Vickers fait la connaissance de plusieurs autochtones, tous dotés d'une forte personnalité : Maggie, écologiste fervente, Gabe, ancien marin-pêcheur, et Micky, une fille de onze ans, farouche et indépendante. Avec ses nouveaux amis, Paul se retrouve embarqué dans une opération de sauvetage peu ordinaire et n'hésite pas à braver les institutions en place...

208 **Mystérieuse Garance**
par Nicole Schneegans

Hugo, le cordonnier poète, raconte à ses petits-fils une drôle d'histoire d'amour. Tout a commencé par un coup de foudre lorsque Hugo a découvert Garance, princesse du pays du JE-NE-SAIS-QUOI, pour aussitôt la perdre de vue. Fou d'amour, Hugo se lance à sa recherche à travers d'étranges pays. Mais Garance est toujours ailleurs. Son rêve se fera-t-il réalité ?

209 **L'été des chats sauvages**
par Mary Riskind

En arrivant dans leur maison de vacances, Vicky et son jeune frère Steve découvrent des chatons abandonnés. Avec Lynn, leur amie, ils luttent pour sauver les deux chatons qui affirment bien vite un tempérament sauvage. Leur comportement ne ressemble en rien à celui des autres chats. Cet été-là va se révéler riche en épreuves et en découvertes...

210 **Défense d'entrer par la fenêtre**
par Florence Parry Heide

Noah n'est vraiment pas heureux. Ses parents viennent d'emménager dans un lotissement désert. Son père lui trouve mille corvées à faire et sa mère passe son temps dans les livres. Mais l'imprévu sonne à la porte et entre par la fenêtre...

211 **Janus, le chat des bois**
par Anne-Marie Chapouton

Depuis qu'il a été chassé de chez les hommes, Janus le chat vit dans les bois. Il mène une existence solitaire car les autres animaux sauvages ne veulent pas le reconnaître comme l'un des leurs et le rejettent. Seul Cloche, un écureuil déluré, lui offre son amitié. Ensemble le chat et l'écureuil vont avoir à surmonter de nombreux obstacles. Janus aura bientôt l'occasion de lui prouver sa fidélité...

212 **Un barrage dans la vallée (senior)**
par Jacques Delval

Marcel découvre, fasciné, la vallée qui s'étale sous ses yeux, baignée de soleil. Après sa vie parisienne mouvementée, a-t-il enfin trouvé l'endroit paisible qui lui permettra de reprendre son souffle ? Marcel ne se doute pas que ce village perdu de Haute-Provence cache, lui aussi, un secret. Un danger mortel plane sur ses terres, ses vignes, sur ses oliviers et ses maisons...

213 **Des docks au ring (senior)**
par Martin Ballard

Moggy Harris, quatorze ans, doit quitter l'école pour ramener de l'argent à la maison. Fils de docker, il sera docker lui aussi... Pourtant Moggy ne peut s'empêcher de rêver à une éventuelle carrière de boxeur. Il est prêt à tout pour échapper à une vie de pauvreté et de travail incertain dans les docks de Londres en ces dures années 20.

214 **Le grand réparateur**
par Guy Jimenes

Quelle aubaine ! Pierre peut faire toutes les bêtises qu'il veut. Le Grand Réparateur, ce mystérieux garçon qui apparaît dans les miroirs, les répare avant que Mémé ne les découvre ! Mais peu à peu l'autre se révèle moqueur. Comment se libérer du pouvoir du Grand Réparateur ?

215 **Le penseur mène l'enquête**
par Christine Nöstlinger

Daniel dit « le Penseur », Michaël « le Lord », et Otto dit « As de Pique » forment avec Lilibeth le petit clan très soudé de la classe de 4$^{e}$ D. Après une succession de vols commis dans la classe, le Lord est accusé. Ses trois amis, convaincus de son innocence, mettent tout en œuvre pour trouver le coupable.

216 **Complainte de la lune basse (senior)**
par Scott O'Dell

L'arrivée des soldats blancs, les Longs Couteaux, dans le cañon de Chelly, bouleverse la vie paisible des Indiens Navahos. Ils saccagent le village et brûlent les récoltes. A demi-morts de faim, Matin Ensoleillé et les siens doivent se rendre aux soldats. La tribu entière entre en captivité. Mais Matin Ensoleillé garde l'espoir d'une vie meilleure...

217 **Saute-Caruche (senior)**
par Anne Pierjean

Du jour au lendemain, Romain Bréton, le sans famille que tous appèllent Saute-Caruche, se trouve nanti d'ancêtres. En remuant le passé, la vieille Delphine se souvient : n'a-t-il pas dansé, autrefois, d'un peu trop près avec Toinette ? En tout cas, à la ferme des Quatre-Peupliers, il y a une Marion de 15 ans qui lui ressemble...

218 **La frontière interdite (senior)**
par Werner J. Egli

Diego vit à Santa Valera, un village mexicain niché dans les montagnes. Comme tous les habitants, Antonio Flores, son père, s'est endetté et ne peut rembourser. Il ne voit pas d'autre solution que d'abandonner sa terre et d'emmener les siens chercher du travail aux États-Unis. Un passeur leur fait franchir clandestinement la frontière. Mais les voilà déposés en plein désert...

219 **Le dernier des vampires**
par Willis Hall

La famille Hollins traverse la Manche pour la première fois. Quinze jours de vacances sur le continent, c'est l'aventure, surtout lorsqu'on ne sait pas lire une carte ! Un soir, Albert, Euphemia et leur fils Edgar plantent leur tente au pied d'un château biscornu. D'une tourelle s'échappe une étrange musique. Des yeux luisent dans la nuit...

220 **Le nouveau**
par Ingrid Kötter

"Je m'appelle Thomas Bott, j'ai neuf ans, et dans le quartier de Berlin où nous venons d'emménager, on m'appelle le Nouveau. Nous n'avions aucune envie de déménager, mais Papa au chômage, la décision a été vite prise. Ici, personne ne se parle, alors pour faire connaissance avec les voisins, nous avons sonné à toutes les portes. Et cela nous a réservé quelques surprises...

221 **Le propriétaire de cathédrale (senior)**
par Roger Judenne

Le professeur Jean-Baptiste Dieu prend possession de la cathédrale de Chartres, achetée par l'un de ses ancêtres comme bien national en 1789. Depuis ce jour, les portes restent closes, toutes les tentatives pour y pénétrer tournent mal. Jean-Baptiste Dieu reste invisible... Seul un chat noir au regard inquiétant rôde sur le toit de l'édifice. Bientôt on parle de diableries...

222 **Les dépanneurs invisibles**
par Edouard Ouspenski

Dès la livraison du nouveau réfrigérateur, Frigori part à la rencontre de ses collègues, les dépanneurs invisibles. Chacun a installé dans un coin de son appareil ménager un petit domaine à lui. Ils ont leur propre système de communication pour la commande des pièces détachées... Tout fonctionne à merveille jusqu'au jour où les petits hommes garantie doivent affronter une armée de souris...

223 **Quatorze jours sur un banc de glace**
par Miek Dorrestein

En Hollande, le 13 janvier 1849, Klaas Bording et ses deux fils partent pêcher dans le Zuiderzee gelé. La pêche est si miraculeuse que les trois hommes décident de continuer malgré la nuit. Mais au petit matin, le dégel a commencé, la glace dérive ! Durant quatorze jours les trois pêcheurs vont errer sur la glace...

224 **Marika**
par Anne Pierjean

Dans une école de montagne, Marianne Arly accueille une nouvelle parmi ses élèves. Mais Marika est différente des autres, avec son regard de renard pris au piège et elle se montre agressive. D'où vient-elle ? se demande Chris, pourtant prêt à lui offrir son amitié. Avec l'aide de Marianne, il tente d'apprivoiser la "sauvageonne"...

## 225 **Sycomore du petit peuple**
par Andrée Malifaud

Sycomore et sa famille sont les derniers représentants du Petit Peuple. Pas plus hauts qu'une main, ils habitent un terrier de souris, dans la maison d'une vieille dame. Un jour, la maison est vendue. Sycomore, le musicien prodige, rencontre les enfants des nouveaux propriétaires eux aussi musiciens, et c'est le début d'une merveilleuse aventure...

## 226 **Chien perdu**
par Marilyn Sachs

Je ne me souvenais plus de mon oncle ni de ma tante. Bien qu'ils m'aient accueillie gentiment, je ne me sentais pas chez moi dans leur appartement tout blanc. L'ennui, c'est que je n'avais nulle part où aller. Mes parents étaient morts. Personne d'autre ne voulait de moi. Et quand j'ai retrouvé Gus, le chien de quand-j'étais-petite, les choses se sont encore compliquées...

## 227 **Mon pays sous les eaux**
par Jean-Côme Noguès

Juillet 1672, Peet quitte la maison familiale pour se placer comme garçon d'auberge. La Hollande est paisible quand tout à coup, c'est la nouvelle : Louis XIV envahit le pays... Un soir, Peet monte un pot de bière à un étrange voyageur. Qui est-il ? Quel est son secret ? Quand le jeune homme l'apprendra, il en frémira...

## 228 **Lucien et le chimpanzé (senior)**
par Marie-Christine Helgerson

Dans un village près de Mâcon vivent le Grand-père et Lucien, un garçon de neuf ans dont les yeux immenses ignorent les gens et que tous appellent « la bête ». Au château, deux jeunes professeurs s'installent pour tenter une expérience : communiquer par gestes avec un chimpanzé. Et si, au contact du singe, Lucien apprenait à parler avec les gens... ?

229 **Anna dans les coulisses**
par Betsy Byars

Anna ne monte jamais sur la scène. C'est dur de chanter faux dans une famille de choristes ! Anna se sent rejetée, exclue. Un jour, un oncle oublié, tout juste sorti de prison, surgit dans la vie des Glory. Grâce à lui, et à la suite d'un drame, Anna va prendre confiance en elle.

230 **Un poney pour l'été**
par Jean Slaughter Doty

Ginny est prête à pleurer. Elle qui a toujours rêvé d'avoir un poney, voilà que le seul qu'elle peut louer pour l'été est une drôle de petite jument, à moitié morte de faim. Mais à force de soins et d'affection, le poney prospère et transforme des vacances qui promettaient d'être décevantes, en un merveilleux été.

231 **Mélodine et le clochard**
par Thalie de Molènes

Un clochard sort de l'ombre, se penche sur la vitrine éclairée de la librairie et lit passionnément un ouvrage d'astronomie... Il reviendra chaque jour et sa présence insolite servira de révélateur aux habitants de l'immeuble, en particulier à Mélodine et à Florence sa grand-mère qui l'a élevée...

232 **Personne ne m'a demandé mon avis**
par Isolde Heyne

Inka vit dans un foyer pour enfants en R.D.A. A l'occasion de son dixième anniversaire, elle exprime deux souhaits : avoir des parents adoptifs et être admise à l'École de sport. Un jour, dans la rue, une femme l'aborde à la dérobée, et lui annonce que sa mère, qu'elle croyait morte, vit en R.F.A. Loin de la réjouir, cette révélation inquiète Inka qui craint que sa vie n'en soit bouleversée.

233 **Une famille à secrets (senior)**
par Berlie Doherty

L'adolescence de Jeannie n'a rien de facile. Un père ombrageux, une mère qui s'enferme dans le silence. Dans sa famille, on se déchire d'autant mieux qu'on s'aime pour de bon. Pour les trois aînés, accéder à l'indépendance ne se fera pas sans heurts ni choix douloureux.

234 **Les trois louis d'or de Maria (senior)**
par Anne Pierjean

Maria pleure devant les œufs qu'elle vient de casser. Mandrin, qui passait par là, lui donne un louis d'or et la traite de « fille à marier ». Subjuguée, Maria pense à Benoît, le confident de toujours. Mais il y a d'autres filles et d'autres garçons sur les routes de leurs vies...

235 **Mon ami le clandestin**
par Ilse-Margret Vogel

Arkhip avait besoin d'aide pour pouvoir retourner dans son pays, en Russie et Papa l'a caché chez nous. Cet inconnu est devenu un ami merveilleux. Nous ne parlions pas la même langue et pourtant nous partagions tout. Nous étions complices, dans les joies comme dans les peines. Complices, même si la vie un jour nous séparait...

236 **Caribou et le renne aux yeux d'or (senior)**
par Mérédith Ann Pierce

A treize ans, Caribou se voit confier, contre son gré, un étrange bébé. Elle s'attache à l'enfant, et refuse longtemps de voir que ce ne sont pas seulement son teint clair et ses cheveux d'herbe sèche qui le rendent différent. Cet être qu'elle aime farouchement, est-il humain ? La tragédie qui frappe alors son peuple entier lui permettra de le découvrir...

237 **Coutcho**
par José Luis Olaizola

La grand-mère de Coutcho n'y voit pas grand chose et a de plus en plus de mal à exécuter des travaux de couture. Débrouillard, Coutcho, à neuf ans, trouve des petits métiers pour rapporter un peu d'argent à la maison. Les rencontres qu'il fera dans les rues de Madrid résoudront finalement bien des problèmes...

238 **Virage en ligne droite**
par Gérard Hubert-Richou

Après une partie de bicross, je faisais une pause sur le pont qui enjambe l'autoroute quand je vis une Golf noire perdre une roue. Et ce fut le carambolage, les voitures qui se heurtent, hurlent, s'encastrent à n'en plus finir. Puis l'atroce silence. Et les jappements affolés de ce petit caniche doré. Alors que s'est-il passé dans ma tête ? J'ai dévalé la pente de l'autoroute et ma vie a pris un grand virage...

239 **Si on jetait l'ancre**
par Simon French

Changer de cadre, changer d'école, Trevor en a l'habitude : depuis l'âge de quatre ans, il vit en caravane, avec ses parents qui sillonnent l'Australie au gré des emplois saisonniers. Le temps de se faire des amis, et déjà il faut repartir... Jusqu'ici, Trevor a réussi à s'adapter partout. Mais cette fois tout se passe différemment...

240 **Son premier souffle**
par Gérard Hubert-Richou

Cécilia, douze ans, et ses parents passent le mois d'août à la campagne. Sa maman, enceinte, a souhaité l'isolement. Son père doit s'absenter laissant Cécilia et sa mère seules quarante-huit heures. Il n'y a pas à s'inquiéter : le bébé n'est prévu que pour le mois prochain. Oui, mais voilà, un orage coupe le téléphone et le bébé s'annonce...

241 **Les sept corbeaux et autres contes**
par Jacob et Wilhelm Grimm

*Les sept corbeaux* et l'un des huit contes que contient ce volume où la dérision, l'humour et l'émotion se passent le relais. Parmi les plus célèbres : *Le petit Chaperon Rouge, Le loup et les sept chevreaux, Le lièvre et le hérisson.*

242 **Les trois fileuses et autres contes**
par Jacob et Wilhelm Grimm

*Les trois fileuses* est l'un des quatorze contes que contient ce volume où la fantaisie et l'imaginaire croisent souvent la réalité. Parmi les plus célèbres : *La Belle au Bois Dormant, Le voyage du Petit Poucet, Cendrillon, Tom Pouce, Blanche Neige.*

243 **Le lundi tout est différent**
par Christine Nöstlinger

Tous les lundis, Kathi va coucher chez Lady, sa grand-mère de quarante-sept ans, tout à fait fantaisiste... Découvrant que Kathi a des poux, Lady la convainc de couper ses cheveux. Kathi accepte à la condition que sa grand-mère lui réalise une coiffure punk. A l'école, à la cantine, la coiffure de Kathi va faire beaucoup parler d'elle ...

244 **Une longue chasse (senior)**
par Marcel Lamy

Lur Hoo, l'ours grizzli et son complice Kam, l'aigle gris, ont une tactique de chasse qui a permis à Lur Hoo d'éviter les pièges tendus par les chasseurs. Mais John Hobson, bien décidé cette fois à déjouer les ruses de l'animal, va guider cinq chasseurs néophytes à travers la montagne, sur les traces de l'ours. Une lutte sans merci s'engage...

**245 Les manèges de la vie (senior)**
par Andrée Chedid

Sept nouvelles composées d'actualités, de mémoires, de faits divers, qui se déplacent en divers points du globe pour toujours parler d'amitié, d'amour, de ces vies ordinaires métamorphosées par la souffrance, l'émotion.

**246 Les voleurs de lumière (senior)**
par Victor Carvajal

Dans chacun de ces huit récits, un enfant prend la parole. Selon ce qu'il est - son courage, ses rêves et sa propre expérience -, il raconte la vie dans les bidonvilles du Chili quand, pour survivre, il faut résoudre autant de problèmes qu'il y a de jours dans l'année. Un fil conducteur relie toutes ces histoires : l'espoir, le goût de vivre et d'aimer...

**247 Une chouette, ça vole!**
par Molly Burkett

Une petite chouette dans une cage qui n'a même pas de porte... Emue, la famille Burkett l'achète dans l'intention de la relâcher. Mais Tchivett n'a pas plus de vie qu'une plante en pot. Jusqu'au jour où une femelle chevêche, soignée chez les Burkett se prend d'intérêt pour lui, le force à bouger, lui apprend à voler. Et peu à peu, Tchivett reprend goût à la vie...

**248 Vif-Argent**
par Josep Vallverdu

Vif-Argent, le jeune chiot, s'est échappé de la voiture de ses maîtres. Après une nuit à la belle étoile, il est recueilli par Louison qui l'emmène vivre avec lui à la ferme. Jour après jour, le chiot fait son apprentissage de la vie. Mais il lui reste de dures épreuves à affronter...

Cet
ouvrage,
le deux-cent
cinquante-neuvième
de la collection
CASTOR POCHE,
a été achevé d'imprimer
sur les presses de l'imprimerie
Brodard et Taupin
à La Flèche
en mai
1989

Dépôt légal : juin 1989.
N° d'Edition : 16078. Imprimé en France
ISBN : 2-08-161953-9
ISSN : 0248-0492

CASTOR 259 POCHE